D1983300

Die 100 schönsten Gartenblumen

freizeit
ht

Interessierte Leser, die sich über den Rahmen dieses Buches »Die 100 schönsten Gartenblumen« hinaus zum Thema im weiter gefaßten Sinn informieren wollen, weisen wir auf folgende Bände unserer ht-Reihe hin:

Der Garten im Jahreslauf	ht 202
Pflanzen sehen – Pflanzen bestimmen	ht 208
Tiere sehen – Tiere bestimmen	ht 209
Tips für die Gartenarbeit	ht 252
Unser Garten – neu angelegt	ht 254
Zimmerpflanzen – erfolgreich pflegen	ht 270
Kakteen – sammeln und pflegen	ht 271
Außenarbeiten – rund ums Haus	ht 334
Kräuter + Gewürze	ht 341
Heilpflanzen – kennenlernen und anwenden	ht 342
Rosen für jeden Garten	ht 347
Balkon – Terrasse – Dachgarten	ht 350
Die 100 schönsten Kakteen	ht 370
Früchte zubereiten mit Pfiff!	ht 378
Trockenblumen – mein Hobby	ht 385
Obst + Gemüse im eigenen Garten angebaut	ht 403
Hydrokultur – »Pflanzen ohne Erde«	ht 413
Die schönsten Zimmerpflanzen	ht 428
Mein Gartenteich und seine Pflanzen	ht 448
Grabschmuck und -bepflanzung im Jahreslauf	ht 471

humboldt-taschenbuch 470

Umschlaggestaltung Christa Manner, München
Umschlagfotos: Magda Haase, München

Farbabbildung 64 (s. S. 81, »Goldregen«): Peter Siewert, München
Alle weiteren Farbabbildungen und die Schwarz-weiß-Textfotos wurden von der Autorin, Magda Haase, München, zur Verfügung gestellt.

Benutzerhinweis:

Die in den Artenbeschreibungen ab Seite 28 angegebenen Abbildungsnummern beziehen sich auf die Farbtafeln.

Stand 1984

Bewertungs-Symbole

XXX = vorzügliche Sorte
XX = sehr wertvolle Sorte
X = wertvolle Sorte
Li = Staude für den Pflanzenliebhaber
S = Wertvolle Schnittstaude

Druck: Elsnerdruck GmbH, Berlin
Printed in Germany
ISBN 3-581-66470-4

1 2 3 * 86 85 84

Die 100 schönsten Gartenblumen

Von Magda Haase

Humboldt-Taschenbuchverlag

Inhalt

Einleitung

Das Beste im Leben ist, Verständnis für alles Schöne zu haben.
Menander

Die 100 schönsten Gartenblumen – das ist ein weites Feld. Über Geschmack läßt sich bekanntlich streiten, und außerdem ist das Schönheitsempfinden in verschiedenen Ländern und zu verschiedenen Zeiten unterschiedlich. Mögen unsere Großeltern noch Rosen, Lilien und Vergißmeinnicht verehrt haben, mag im siebzehnten Jahrhundert die Tulpe äußerst beliebt und damit übertrieben teuer gewesen sein, so haben wir heute eine ungeheure Anzahl attraktiver Pflanzen für unsere Gärten zur Verfügung. Jahrhundertelanger Sammler- und Züchterfleiß hat uns eine so große Anzahl von schönblühenden Gartengewächsen beschert, wie sie noch nie in der Geschichte der Menschheit vergönnt war. So wird die Wahl leicht, für den rechten Platz die richtige Pflanze zu finden.
Hier soll Ihnen eine Sammlung schöner Arten vorgestellt werden, die Farbigkeit und Freude in den Garten bringen.
Der Schnee ist noch nicht ganz geschmolzen, da fängt es auch schon an zu blühen. Als erste öffnet die Zaubernuß, die Hamamelis, ihre Blüten, aber da lugen auch schon Christrose, Winterlinge, Schneeglöckchen, Frühlingsknotenblumen und die Krokusse aus dem Schnee heraus. Sie alle begeistern, weil sie so zeitig sind, Faust's »Osterspaziergang« scheint gerade auf sie gemünzt zu sein. Aber auch das Goldglöckchen, die Forsythie, ist schon bald da, der Seidelbast und unter den Sträuchern der Lerchensporn. Es ist noch kalt und gelegentlich fällt Schnee, aber das macht diesen frühen Gästen nichts aus. Auch nicht den Hyazinthen, Narzissen und ersten Tulpen, die nun erscheinen.
Am Wegrand erblicken die Polster von Gänsekresse und Blaukissen das Frühlingslicht, dahinter die Gemswurz, die Trollblumen und die Bergenien. Am Teichufer blühen zwischen Vergißmeinnicht die frühen Schwertlilien, unter den jetzt noch blattlosen Bäu-

men und Sträuchern jubeln die Himmelschlüssel ihr Frühlingslied. Bald aber sind die Eisheiligen vorbei, und es wird Zeit, die einjährigen Sommerblumen zu setzen, wenn man im Spätsommer die volle Farbenpracht genießen will.

Die Pfingstrosen, die Rhododendren und viele andere Blütensträucher erstrahlen in Frühsommerpracht, im Staudenbeet blühen Mohn und Sommermargeriten. Aber schon bald spielen die großen blauen Büsche des Rittersporns, die Schwertlilien, die Mädchenaugen, die Dahlien und die Schafgarben ihren Part im Lied der großen Sommersymphonie. Unmerklich erfolgt der Übergang zu den schönsten und prächtigsten Gartenblumen, zu den Rosen, zu Phlox, Helenium und zu den Lilien. Ganz hinten am Zaun stehen die mächtigen Büsche der Sonnenhüte und Sonnenblumen, davor eine Fülle von einjährigen Gewächsen, die jetzt ihre Hoch-Zeit, ihre hohe Blütezeit haben.

Ganz allmählich kommen die Herbstblüher an die Reihe, die Herbst- und später die Winterastern. Das Laub vieler Gehölze färbt sich bunt, andere Bäume und Sträucher tragen Beeren, die den Beschauer erfreuen und den Vögeln im Winter hochwillkommenes Futter bieten.

Um Ihnen eine schnelle Übersicht geben zu können, sind die Pflanzen in Gruppen und nach Blütezeiten geordnet. Innerhalb dieser Gruppierung spielt in der Zusammenstellung die Benachbarung die Hauptrolle. Um eine schöne Pflanzung zusammenzustellen, erübrigt sich also langes Herumblättern.

Doch nun: lassen Sie uns hineinsteigen in die Fülle, die aus Gottes freier Natur aus aller Welt von Gärtnern und Botanikern für uns Menschen zusammengetragen wurde, um Glück und Schönheit in unsere Gärten zu bringen.

Gärtnerische Grundweisheiten

Die Zusammenstellung der Arten

Eine Publikation wie die vorliegende, die sich mit Blütenpflanzen der verschiedensten Art befaßt, die über Sträucher, Stauden, Sommerblumen und Blumenzwiebeln berichtet, muß die wichtigsten Grund-Tatsachen voranstellen.
Gehölze sind Raumbildner, sie sind das Gerüst der Gartenmöblierung. In ihrem Umkreis gedeihen Schatten- und Wildstauden, verwildern kleine Blumenzwiebel-Arten. Auch eine ganzjährig blühende Staudenbepflanzung kommt nicht ohne Kleingehölze aus. Großwachsende Bäume und Sträucher haben keinen Platz im kleinen Garten, wie es Atrium- und Reihenhausgärten sind. Dagegen wirken auf Grundstücken ab 1000 Quadratmetern solche Gehölze sehr dekorativ. Man kann sich hier einen pflegearmen »Baum- und Rasengarten« schaffen, der viel Ähnlichkeit mit dem englischen Landschaftsgarten hat.
Die mehrjährigen winterharten Blütenstauden umfassen einen weiten Bereich. Um einen Überblick über diese Vielfalt zu haben, ist also eine Gruppierung notwendig. Wir unterscheiden die Beet- und die Wildstauden mit jeweiligen Untergruppierungen. Zu den Beetstauden gehören die Arten, die durch langjährige Züchtung entstanden sind, sie beanspruchen einen humosen und nährstoffreichen, ständig gepflegten Gartenboden. Sie wachsen am liebsten am Haus und entlang von Zäunen, Mauern und Hecken. Am besten auf Beeten und Rabatten, nicht frei im Gelände. Fast alle lieben die volle Sonne. Zu dieser Gruppe gehören zum Beispiel Pfingstrosen, Rittersporn, Phlox, Sommermargeriten.
Die Wildstauden zeichnen sich weniger durch auffällige Blüten als durch ihre über lange Zeit schöne Gestalt aus. Sie wurden züchte-

risch nicht viel verändert, sind am rechten Platz oft nicht empfindlich und brauchen nur wenig Pflege. Man kann mit ihnen »Biotope« im Garten schaffen, zum Beispiel die Vegetation an einem verlandenden Tümpel oder an einem Waldrand nachbilden.
Innerhalb dieser beiden Gruppierungen gibt es die Einteilung in schatten- und sonnenliebende Arten, in Wasser- und Sumpfpflanzen und in Steingartenstauden, die meist aus den Hochgebirgen der Erde stammen.
Alle diese Pflanzen haben spezielle Standortansprüche, darauf wird bei den einzelnen Arten eingegangen. Auch die Benachbarung, d. h. welche Pflanzen zusammenpassen, wird dort beschrieben.
Die Sommerblumen, die in unseren Breiten in jedem Frühling neu gepflanzt werden müssen, weil sie den Winter nicht überstehen oder weil sie eine nur kurze Vegetationszeit haben, begeistern die Liebhaber bunt leuchtender Beete. Die meisten dieser Ein- und Zweijahresblumen lassen sich innerhalb weniger Wochen mühelos aus Samen heranziehen, ja, manche robuste Arten können direkt an Ort und Stelle gesät werden. Meist kauft man sie aber Mitte Mai in der Gärtnerei als Jungpflanze und setzt sie an Ort und Stelle, wo sie sich schnell entwickeln. Sie bringen die satte Blütenpracht des Hochsommers und des Frühherbstes.
Die Zwiebel- und Knollenpflanzen stammen ursprünglich aus trocken-heißen Steppengebieten. Dort war ein Überleben nur möglich, wenn die Pflanze in Anpassung an das Klima ihre Blüte und Frucht in den wenigen Regenwochen entwickelte, dann aber »einzog« und in ihren unterirdischen Speicherorganen, also in Zwiebel oder Knolle, die ungünstige Jahreszeit überdauerte. Hier reicht die Palette vom frühen Schneeglöckchen bis zu Lilien, Gladiolen und Dahlien. Während die großen zu den »Prachtstauden« gepflanzt werden, sind die kleinen Frühjahrsblüher dankbar für einen »wilden« Platz am Gehölzrand. Dort vermehren sie sich, und ein Blütenteppich erfreut uns jedes Frühjahr neu.

Pflanzung und Pflege

Sie werden Ihre Pflanzen sicher aus einem der modernen Gartencenter holen, wo sämtliche gewünschte Arten in ausgezeichneter Qualität zur Verfügung stehen.

Im Zeitalter des Containers ist die Pflanzung das ganze Jahr über möglich, doch aus Kostengründen und auch, um ein problemloses Anwachsen zu garantieren, wird man sich an die traditionellen Pflanztermine halten.
Gehölze setzt man entweder im Oktober/November oder im Februar, März, April, wenn die Laubgehölze keine Blätter tragen und der Boden noch nicht oder nicht mehr gefroren ist.
Beetstauden pflanzt man von Mitte August bis Mitte November und von Anfang März bis Mitte Mai. Steingarten-Polster- und Wildstauden lassen sich über einen etwas längeren Zeitraum verpflanzen, zumal ja viele von ihnen in Töpfen angeboten werden. Steingartenstauden machen öfter eine Ausnahme – manche vertragen das Verpflanzen im Herbst nicht. Das späte Frühjahr ist die beste Pflanzzeit für Sumpf- und Wasserpflanzen. Bei den eben genannten gibt es Ausnahmen, doch darauf wird später eingegangen.
Die im Frühjahr blühenden Zwiebel- und Knollengewächse werden von Mitte August bis Mitte November eingesetzt, je frühzeitiger, um so besser, nur nicht in den gefrorenen Boden. Die Herbstblüher unter den Zwiebel- und Knollengewächsen werden im Juli nach dem Einziehen der Blätter gepflanzt. Im Frühling, wenn sie ihre Blätter treiben, bitte nur mit Topfballen einsetzen!
Auch Lilien sollte man möglichst nur mit Topfballen setzen, wenn nicht im sehr zeitigen Frühjahr gepflanzt wird. Dahlien und Gladiolen kommen nach den Eisheiligen in die Erde, und hat sie im Herbst der erste Frost gestreift, müssen sie wieder ausgegraben und frostfrei und trocken im Keller gelagert werden.
Sommerblumen schließlich setzt man nach den Eisheiligen. Diese grimmigen Gesellen, nämlich Pankratius, Servatius und Bonifatius haben ihren Namenstag am 12., 13. und 14. Mai. Danach sind erfahrungsgemäß die Kaltlufteinbrüche aus dem Nordmeer beendet.
Über die Pflanzweite ist zu sagen, daß langlebige Arten, wie Bäume, Sträucher und langlebige Großstauden, nicht zu eng gesetzt werden sollen. 1 Meter bis 1,50 Meter Abstand muß man schon rechnen. Die Zwischenräume werden mit kurzlebigen Arten ausgefüllt. Alle Pflanzen verlangen nach Geselligkeit; man wird sämtliche Gewächse also in Gruppen pflanzen. Bei Gehölzen und Großstauden genügen 2er oder 3er Gruppen, bei kleineren Gewächsen ist eine größere Anzahl notwendig.

Sommerblumen setzt man jedes Jahr neu, Stauden müssen erst in einigen Jahren geteilt und versetzt werden. Blumenzwiebeln pflanzt man allgemein doppelt so tief, wie die Zwiebel groß ist.

Nachdem der Boden gut vorbereitet wurde (siehe nächstes Kapitel), beginnt man zu pflanzen. Das Pflanzloch sollte größer sein als der Wurzelballen, so daß die Wurzeln in möglichst natürlicher Lage Platz haben. Die Pflanzen müssen genauso hoch stehen wie vorher, man sieht das am Wurzelhals. Rhizome, wie zum Beispiel der Iris-Hybriden oder der Paeonien, dürfen nicht zu tief gesetzt werden. Die Erde wird seitlich und rings um den Wurzelballen eingefüllt, wobei sich bei leichtem Schütteln der Pflanze Hohlräume zwischen den Wurzeln beseitigen lassen. Dann wird angedrückt, Gehölze und robuste Stauden tritt man mit den Füßen an, bei Kleinstauden und Sommerblumen drückt man leicht mit der Hand an. Dann wird die Pflanze kräftig eingewässert, damit sie die nächste Woche auskommt. Diese Arbeit hat neben der ausreichenden Wasserversorgung den Zweck, die feinen Würzelchen innig mit dem Erdreich zu verbinden.

Beetstauden und Sommerblumen brauchen etwas Aufwand in der Pflege. Da hier kein geschlossener Stoff-Kreislauf stattfinden kann – wir entnehmen ja laufend die unschönen Pflanzenteile, um das Arrangement gut aussehen zu lassen –, ist eine gute Humus- und Nährstoffversorgung notwendig. Kompost ist natürlich das Beste für unsere Blumen, auch Torfmischdünger, die man 2–3 cm dick auf den Boden aufbringt. Organische Dünger wie Hornspäne, Knochen- oder Blutmehl wirken ähnlich günstig. Alle diese Substanzen bewirken keine heftigen Umsetzungen im Boden; die Pflanzen werden nicht unnatürlich üppig, sondern kräftig und widerstandsfähig. Die organischen Dünger streut man gleichmäßig zwischen die Pflanzen, etwa 30–50 Gramm pro Quadratmeter. Die scharfen, schnell wirkenden mineralischen Volldünger sind nicht so günstig, allerdings wird man oft darauf angewiesen sein, um schnelle Wirkung zu erreichen. Man rechnet etwa 50–60 Gramm pro Quadratmeter, allerdings darf nichts davon auf die Blätter und vor allen Dingen nichts in die Blattachseln kommen. Ein einmaliges Ausstreuen aller dieser Dünger zu Beginn der Vegetationsperiode, etwa im April/Mai, genügt meistens, regnerisches Wetter ist dabei von Vorteil.

Die Pflanzflächen, besonders solche mit Beetstauden und Sommerblumen, müssen frei von Unkraut gehalten werden, der Oberboden

Vom Säen zum Pflanzen

Bild A: Aussäen in Saatkästen
Bild B: Aussäen in die Särille im Freiland
Bild C: Pikieren in die Pikierschale
Bild D: Das richtige Setzen von Jungpflanzen ohne Topf- oder Wurzelballen mit Hilfe des Pflanzholzes

A

B

C

D

Abb. 1: Frühlingsknotenblume (Märzbecher) Leucojum vernum
Beschreibung S. 31

Abb. 2: Elfenkrokus
Crocus tomasianus
Beschreibung S. 32–33

Vorfrühling

Abb. 3: Hyazinthe
Hyacinthus orientalis »Honor Mr. Balfour«
Beschreibung S. 33

Abb. 4: Darwin-Tulpe »Parabole«
Beschreibung S. 35

Abb. 5: Gefüllte Trompetennarzisse
Narcissus pseudonarcissus fl. pl. »Van Sion«
Beschreibung S. 36

Abb. 6: Schlangennarzisse
Narcissus incomparabilis »Barret Browning«
Beschreibung aller Verwandten S. 36

Vorfrühling

Abb. 7: Goldglöckchen
Forsythia intermedia »Spectabilis«
Beschreibung S. 37

Abb. 8: Blutjohannisbeere
Ribes sanguineum »Pulborough-Scarlet«
Beschreibung S. 38

Abb. 9: Gartenmagnolie
Magnolia soulangiana »Triumphans«
Beschreibung S. 39

Abb. 10: Stiefmütterchen
Viola wittrockiana
Beschreibung S. 40

Vorfrühling

Abb. 11: Vergißmeinnicht
(hier mit Tulpen)
Myosotis-Hybriden
Beschreibung S. 42

Abb. 12: Goldlack
Cheiranthus cheiri
Beschreibung S. 43

Abb. 13: Stengellose Himmelschlüssel (Gelbe Hybride)
Primula acaulis
Beschreibung S. 45

Abb. 14: Stengellose Himmelschlüssel (rote F_1 Hybride »Mirella«)
Beschreibung S. 45

Vorfrühling

Abb. 15: Ballprimel
Primula denticulata »Rubinball«
Beschreibung S. 45–46

Abb. 16: Lerchensporn
Corydalis solida
Beschreibung S. 46–47

muß gelockert sein. Hacken und jäten Sie im Sommer daher öfters, schneiden Sie dabei gleich die verblühten und unansehnlichen Teile mit weg.

Die Wildstauden benötigen diese intensive Pflege nicht, im Frühjahr wird lediglich mit Kompost gedüngt, bei Pflanzungen unter Laubgehölzen sollte das abgefallene Laub liegengelassen werden. Im Anfang, wenn die Pflanzung noch nicht geschlossen ist, muß auch das Unkraut entfernt werden.

Wildstauden für den Steingarten brauchen kaum Pflege, nur die züchterisch veränderten Arten dieser Gruppe sind auf die Hand des Gärtners angewiesen.

Auch für die Sumpf- und Wasserpflanzen wenden wir keine besondere Mühe auf, wenn Erde und Standort gut vorbereitet waren.

Besonders im Hochsommer ist reichliches Wässern im Garten unumgänglich; die Anschaffung eines Regners wirkt sich günstig aus. Es gibt davon die verschiedensten Fabrikate; die Beratung in einem Fachgeschäft ist daher zu empfehlen.

Herbst und Winter erfordern ebenfalls Arbeit im Garten. Die von den ersten Frösten zerstörten Sommerblumen müssen entfernt, die Beetstauden bis auf den Boden zurückgeschnitten werden. Polyantha- und Teerosen etwas zurücknehmen (hier erfolgt der »richtige« Rückschnitt erst im Frühjahr, wenn man sieht, was zurückgefroren ist); leicht anhäufeln und in kalten Gegenden mit Fichtenreisig abdecken. Unkräuter entfernen, freie Flächen lockern und mit Kompost oder nicht zu frischem Stallmist abdecken. Auch Torfmull, Torfmischdünger oder Rindenkompost tun da gute Dienste. Drohen Kahlfröste im Winter (Frost ohne Schnee), sollten empfindliche Pflanzen, besonders wintergrüne Arten, mit Fichtenreisig abgedeckt werden. Diese Deckschicht sollte auch im sehr zeitigen Frühjahr draufbleiben, wenn die Sonne schon recht warm scheint, der Boden aber noch gefroren ist. Die Blätter, Nadeln und Zweige verdunsten da nämlich schon Wasser, das die Wurzeln noch nicht nachliefern können.

Bodenvorbereitung und Nährstoffversorgung

Nehmen wir einmal an, Sie haben gerade Ihr Einfamilien-, Reihen- oder Atriumhaus bezogen. Von der Baufirma ist der Mutterboden aufgebracht worden, sonst liegt aber alles noch wüst und leer. Um eine wüchsige und gesunde Pflanzung zu erhalten, ist es notwendig, die obersten 30–40 Zentimeter des Bodens, in denen die meisten unserer Gartengewächse wurzeln, möglichst locker, krümelig und nährststoffreich zu gestalten.

Man muß also vor allen Dingen den Boden lockern. Auch die Unterbodenschicht ist wichtig. Ist sie nämlich verdichtet, staut sich das Wasser, die Pflanzenwurzeln faulen. Bei leichten Böden genügt ein einmaliges Fräsen, schwere Böden dagegen müssen oft zwei Spatenstiche tief umgegraben werden. Bei dieser Arbeit achten Sie bitte auf die Dauerunkräuter: Quecke, Giersch, Ackerwinde, Schachtelhalm, Disteln. Alle diese Unkräuter haben ihre Wurzeln und Ausläufer im Boden. Sorgfältiges Auslesen jetzt erspart manchen Ärger später. Bei stark verunkrauteten Flächen, etwa wenn eine Wiesen- oder Brachfläche abrupt zum Garten gemacht werden muß, sollte man erst ein Jahr lang eine Hackfruchtkultur anbauen, etwa Kartoffeln. Oder ein Jahr lang nur Gründünger aussäen, etwa Lupinen. Danach ist es einfach, die verbliebenen Reste der Dauerunkräuter zu entfernen.

Bei der Bodenbearbeitung ist es leicht, Humus einzubringen. Etwa in Form von Kompost, von Stallmist, von Torfmull oder von Rindenkompost. Alle diese Lockerungsmaßnahmen sollen die Bodenstruktur verbessern, eine einwandfreie Luft- und Wasserzirkulation soll im Wurzelbereich gewährleistet sein. Als Anhaltspunkt: Man rechnet pro 100 Quadratmeter vier Ballen angefeuchteten Torfmull und vier bis fünf Kilogramm eines mineralischen Volldüngers, am besten eines Langzeitdüngers.

Das wird in die oberste Bodenschicht mit eingearbeitet. Die frisch gesetzten Pflanzen überwinden rasch den Verpflanzungsschock und wachsen zügig weiter.

Krankheiten und Schädlinge

Krankheiten und Schädlinge treten nur recht selten massiert im Hausgarten auf. Machen Sie sich darüber also erst mal keine Sorgen. Sollten aber trotzdem einmal die Pflanzen ohne gleich augenfällig sichtbare Ursache kümmern und welken, sollten sich lästige Insekten, wie Blattläuse, breitmachen, dann muß etwas getan werden, um der Plage Herr zu werden. Natürlich gibt es gegen fast alle Schädiger im Garten die entsprechenden chemischen Bekämp-

fungsmittel. Aber ehrlich gesagt: Möchten Sie im Hausgarten mit Gift spritzen, möchten Sie Kinder und liebgewordene Haustiere gefährden? Ist es nicht besser, die befallenen Pflanzen zu entfernen, wenn es schon nichts hilft, nur einzelne Teile wegzunehmen?
Obwohl dieses Problem jeder für sich zu entscheiden hat, sollen hier doch Hinweise zu vorsichtiger und wenig aggressiver Schädlingsbekämpfung gegeben werden. Wenn Sie sich eingehender über dieses Thema informieren wollen, fragen Sie Ihren Buchhändler. Er nennt Ihnen die umfangreiche Literatur hierzu.

Vorbeugung und Hilfe bei Pflanzenschäden

Da gibt es die **Umweltschäden**, die Trockenheits- und Kältebeeinflussung, die Erkrankungen durch Ernährungsfehler; zu letzteren gehören auch die Wurzelverbrennungen. All das läßt sich durch Ausschalten der Ursachen beseitigen.
Bei den **Pilzkrankheiten** machen Echter und Falscher Mehltau und die Rostpilze am meisten zu schaffen. Eine vorbeugende Behandlung ist gegen die Pilzkrankheiten besonders wichtig; unsere Bekämpfungsmittel wirken nämlich nicht kurativ; befallene Blätter werden nicht wieder gesund, sie können nur noch entfernt werden. Allerdings verhindert eine Spritzung die Ausbreitung.
Echter Mehltau äußert sich durch mehlig weiße Flecken auf der Blattoberseite; bekämpft wird er durch schwefelhaltige Präparate, durch Karathane und andere.
Beim Falschen Mehltau zeigen sich diese mehlig-weißen bis grauen Flecken auf der Blattunterseite; bekämpft wird mit kupferhaltigen Präparaten oder mit Maneb, Zineb, Captan.
Rostpilze gibt es eine große Anzahl; den Namen hat die Krankheit von den rostbraunen Sporenlagern, die sich auf den Unterseiten der Blätter bilden. Solange nur einzelne Pflanzenteile befallen sind, müssen sie entfernt und verbrannt werden. Sollte aber einmal eine Epidemie auftreten, die sich über mehrere nebeneinanderliegende Hausgärten erstreckt, müßten die Bestände mit Maneb, Dithane-Ultra oder Polyram-Combi gespritzt werden.
An **tierischen Schädlingen** nisten sich in unseren Gärten leicht Blattläuse, Rote Spinne, Thrips und Älchen ein.
Älchen sind winzige Fadenwürmer, die in die unterschiedlichsten Pflanzenteile eindringen und dort krankhafte Veränderungen ver-

ursachen. Besonders der Sommerphlox ist durch sie gefährdet. Es gibt Wurzelgallen-, Wurzel-, Blatt- und Stengelälchen. Die Bekämpfung ist schwierig und nur mit stark wirkenden Präparaten durchzuführen; es fragt sich, ob das im Hausgarten angebracht ist. Wenn also nicht besonders wertvolle Züchtungen erhalten werden sollen, ist es am besten, die befallenen Pflanzen zu entfernen.

Sind die Pflanzen mit »Roter Spinne« befallen (die Tiere sind 0,5 Millimeter groß und daher mit bloßem Auge nicht mehr zu erkennen), äußert sich das in kränkelnden, gelblichen Pflanzen, die mit feinen Spinnfäden überzogen erscheinen. An der Blattunterseite kann man mit einer guten Lupe die rötlichen Schädiger erkennen. Bekämpfung: Malathion, Metasystox.

Blattlausschädigungen sind weithin bekannt; die Tiere sind leicht auszumachen, die Blätter erscheinen gekräuselt, zuckerhaltige Ausscheidungen der Tiere, der sogenannte »Honigtau«, glänzt in der Sonne. Oft wird dieser Honigtau von Rußpilzen befallen; das Ganze sieht dann schwarz aus. Diese zuckerhaltigen Ausscheidungen der Blattläuse machen sich übrigens die Ameisen zunutze. Sie melken die schädigenden Blattsauger, ja, sie legen manchmal geradezu »Blattlauskulturen« für die eigene Zuckerversorgung an. Bekämpfung: spezielle Blattlauspräparate, die in jedem Gartenbedarfsgeschäft erhältlich sind.

Der Blasenfuß oder Thrips schließlich wird ca. einen Millimeter groß und lebt versteckt auf den Pflanzen. Das Gewebe der befallenen Blattpartien füllt sich mit Luft, die Blätter bekommen einen silbrigen Schimmer. Bekämpfung: wie bei der Roten Spinne.

Sollten schließlich Wühlmäuse und/oder Maulwürfe überhandnehmen, dann besorgen Sie sich Fallen, oder Sie verbinden das Auspuffrohr Ihres Autos und die Gänge der Bodenwühler mit einem Schlauch – nach diesem »Gasangriff« dürfte dort nicht mehr viel am Leben sein. Oder Sie stecken den Garten-Wasserschlauch in die Wühlgänge. Vor dem unter hohem Druck einschießenden Wasser fliehen die kleinen Nagetiere (und können dann leicht vernichtet werden), oder sie ertrinken. Dann gibt es noch spezielle Ködermittel gegen diese Schädlinge, die zumeist die Blutgerinnung verhindern. Von ihnen sei im Hausgarten dringend abgeraten, denn diese Mittel wirken auch für Menschen (Kinder!) und für Hunde und Katzen tödlich.

Großen Ärger machen oft die Schnecken im Hausgarten. Man kann die Tiere absammeln, aber das dauert lange und macht große Mühe.

Oder Sie vergraben kleine Konservenbüchsen bis an den Rand im Boden, die mit Malzbier oder mit starkem Zuckerwasser gefüllt sind. Schnecken mögen das gerne, kriechen hin, fallen hinein und ertrinken. Es gibt außerdem Ködermittel, die 100%ig wirken. Sie sind aber nur dort anzuwenden, wo kein Haustier im Garten lebt. Die Anlockstoffe in diesen Mitteln wirken auf unsere Lieblinge geradezu wie ein Rauschgift. Immer wieder wird hingelaufen und an dem so verlockend duftenden und schmeckenden Brocken geleckt. So lange, bis das Gift, das die Schnecken vernichten sollte, unseren kleinen Freund getötet hat. Haben aber Igel oder Kröten Ihren Garten zum Lebensraum erkoren, dann brauchen Sie sich wegen einer Schneckenplage keine Sorgen mehr zu machen.

Allgemein sei über die Schädlingsbekämpfungsmittel gesagt: Es gibt für Hobbygärtner spezielle Zubereitungen und gebrauchsfertige Lösungen. Lassen Sie sich in einem Fachgeschäft beraten und befolgen Sie bitte sehr genau die auf jeder Packung aufgedruckte oder ihr beigelegte Gebrauchsanweisung.

»Bio-Gärtner« können ohne Hemmungen Mittel mit den Wirkstoffen Nikotin oder Pyrethrum anwenden. Diese Stoffe sind rein pflanzlicher Herkunft, also keine verteufelte Chemie.

Und schließlich gibt es noch andere Mittel und Methoden, die im »integrierten« Pflanzenschutz zu Erfolg verhelfen. Aber das würde im Rahmen dieser Schrift zu weit führen; das Studium spezieller Literatur hierzu wird empfohlen.

Staudensichtung und Fleuroselect

Bei den Artenbeschreibungen wird öfter auf Auszeichnungen hingewiesen, die manche Sorten von der Staudensichtung oder von Fleuroselect erhalten haben.

Die **Staudensichtung** ist eine Arbeitsgemeinschaft aus Staudengärtnern, den Leitern der Staudensichtungsgärten und dem Leiter der Sortenregisterstelle in der Bundesrepublik Deutschland. Die Vereinigung besteht seit 1952. Sie hat es sich zur Aufgabe gemacht, die Fülle der Beetstauden überregional zu prüfen und die besten Sorten herauszustellen. Die Züchtungen werden über mehrere Jahre hinweg in den Staudensichtungsgärten (Weihenstephan, Hamburg, Hohenheim, Kiel, Osnabrück, Veitshöchheim) kritisch begutachtet; dabei legt man vor allen Dingen auf folgende Eigenschaften großen Wert: Winterhärte und Ausdauer, Wuchskraft, Standfestigkeit, Wirkung vor, während und nach der Blüte, Reichblütigkeit, Blütezeit, Blühdauer, Blütenfarbe, Resistenz gegen Krankheiten und Klimaeinwirkung, Vermehrbarkeit, Marktwert und Verwendbarkeit in Pflanzgemeinschaften. Die Symbole der Bewertungen, die als Ergebnis dieser eingehenden Prüfung verteilt werden, finden Sie auf Seite 4 (Impressumseite).

Fleuroselect ist eine Vereinigung von Blumenzüchtern und Handelsfirmen aus ganz Westeuropa. Sie besteht seit 1970 und hat es sich zur Aufgabe gemacht, neue Sorten von durch Samen vermehrbaren Blumen in Probegärten, die über ganz Westeuropa verteilt sind, unter den verschiedensten klimatischen Bedingungen zu überprüfen. Erhält eine Sorte eine große Anzahl von Pluspunkten, wird ihr eine Fleuroselect-Medaille verliehen – ein hohes Wertzeugnis. Die Prüfungsbedingungen sind hart; und eine neue Sorte muß in den unterschiedlichsten Klimaverhältnissen beweisen, daß sie wirklich eine Verbesserung gegenüber den schon vorhandenen Züchtungen darstellt.

Wichtige Gartengeräte

Hackgeräte

Von links, also von den Lenkholmen des dargestellten Karrens beginnend: Der Spitzenjäter. Er schneidet das Unkraut ab und lockert den Boden. Dann der Lüfter, der zum Bodenlockern an solchen Stellen gedacht ist, wo man mit der normalen Hackbreite nicht mehr zurecht kommt, also zum Beispiel auf Staudenrabatten. Das dritte Gerät von links ist der Rechenjäter, der zwei Geräte in einem vereinigt, nämlich die Harke und die Hacke. Danach folgen Rübenjäter und Bügeljäter, zwei Geräte, die sich besonders bei in Reihen stehenden Kulturen bewährt haben. Interessant ist bei diesen beiden Hacken, daß sich die abgenutzten Stahlblätter auswechseln lassen und somit die Hacke unverwüstlich ist. Natürlich müssen Sie darauf achten, daß die Stahlblätter immer scharf sind – so

erleichtern Sie sich die Arbeit bedeutend. Nach diesen beiden Geräten folgt die Rekordhacke, die in vielen Breiten geliefert wird, ebenfalls ein ideales Gerät für den Garten. Als letztes Gerät in dieser Reihe lassen Sie sich den Kleingrubber vorstellen, der sich besonders gut zum Bodenlockern eignet.

Ziehhacken

Im Gegensatz zu den Hackgeräten, die man schlagend und vorwärtsgehend anwendet, zieht man die »Ziehhacken« hinter sich her. Sie eignen sich besonders für Kulturen, die in Reihen stehen. Links sehen Sie den Verstellgrubber und in der Mitte den Verstellkultivator. Beide Geräte heißen »Verstell«-, weil man ihre Breite ganz nach Belieben verstellen kann. Rechts ist dann der Häufler zu sehen, der besonders bei in Reihen stehenden Pflanzen gute Dienste leistet, die angehäufelt werden sollen.

Kombinierte Geräte

Jetzt soll Ihnen noch eine dritte Gruppe von Geräten vorgeführt werden, nämlich solche, die man vor sich herschiebt und so in den Reihen das Unkraut vernichtet und den Boden lockert. Diese drei Geräte sind gleich tauglich und empfehlenswert. Zu sagen ist allenfalls, daß diese Art von Handgeräten schon etwas schwerer und auch etwas teurer als die übrigen sind. Man hat sie für größere

Flächen konstruiert. Links sehen Sie den »Wolf-Fräser«, in der Mitte die »Bergmannsche Rollhacke« und rechts die »Handbodenfräse Greif«.

Spaten und Grabegabel

Mühsam und beschwerlich ist das Umgraben. Doch auch hierfür gibt es Geräte, die die Arbeit erleichtern. Im Bild sehen Sie links

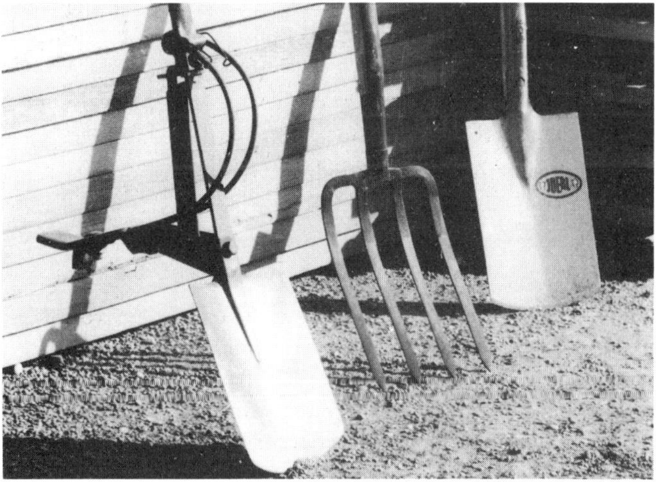

den Terrex-Spaten der Firma Wolf-Geräte. Hier übernimmt eine starke Feder das Hochheben der Bodenschollen. In der Mitte stellt sich die Grabegabel vor, besonders geeignet zum Umgraben in schweren und steinigen Böden. Rechts schließlich der Spaten, wie er sein soll: Eine scharfe Schneide, das Spatenblatt ist gewölbt und besitzt eine nicht aufgeschweißte Tülle, in die der Stiel tadellos hineinpaßt.

Schaufel und Gabel

Hier links ein besonders handliches und leichtes Schaufelmodell. Bei der Mistgabel und der Normalschaufel achten Sie bitte auf die Tülle, in die der Stiel ausgezeichnet hineinpaßt.

Rechen

Hier den guten alten Holzrechen und den Fächerbesen. Beide Geräte braucht man zum Sauberhalten von Wegen und Rasen, und den Holzrechen nicht zuletzt zum Harken des Bodens vor der Bestellung.

Pflanzschaufel

Und hier schließlich noch die wichtigste Pflanzschaufel, oft auch Pflanzspaten genannt. Und der Spankorb – unentbehrlich für viele Zwecke im Garten.

Artenbeschreibungen

Vorfrühling: Ende Februar bis April, von Fastnacht bis Walpurgis

---

Chinesische Zaubernuß *Hamamelis mollis* **Abb. 21**
Strauch, sommergrünes Laubgehölz
2–3 m hoch Blüte Januar bis März

Allgemeines und Merkmale
Die Zaubernuß blüht schon, wenn noch Schneehauben auf den Zweigen sitzen. Sie ist einer der schönsten winterblühenden Sträucher. Sie hilft den Winter im Garten abzukürzen. Im Sommer sieht sie wegen ihrer Blätter wie ein kleiner Haselstrauch aus; und wenn sich im Herbst das Laub leuchtend gelb färbt, ist das ein zweiter Höhepunkt. Die bizarren, goldfarbenen Blüten duften schwach; zusammengerollte Blüten halten bis −10° C aus.
Standortansprüche
Unsere Zaubernuß liebt kräftigen Gartenboden und sonnige Lage, wie man das von einem Solitärstrauch erwartet. Sie ist industriefest und frosthart, auch in der Blüte. Auch mit etwas ungünstigeren Verhältnissen wird sie ganz gut fertig.
Arten und Sorten
Hamamelis mollis ist die fast ausschließlich angebotene Art. Sie ist die schönste aller Zaubernüsse. Die Gattung hat in Europa nicht die Eiszeiten überlebt, ist in Nordamerika und Ostasien aber weit

verbreitet. Als erste wurde 1736 die herbstblühende Hamamelis virginiana eingeführt, die Hexenhasel, die wie die Hasel bis 8 Meter hoch wird, und die man in der Kosmetikindustrie braucht.

Benachbarung

Gern pflanzt man in ihrer Umgebung Frühlingsblüher; also vor allem Zwiebelgewächse, aber auch niedrige Sommerstauden, die ihr auf dem Soloplatz Gras und Unkraut fernhalten, also etwas Hainsalbei oder Günsel. Hamamelis eignet sich auch gut für Pflanzkübel und Dachgärten. Immer sollte sie so stehen, daß man im frostigen Winter die Blüte auch vom Fenster aus sieht.

Bedeutung der Sonnensymbole

Die Pflanze verträgt direktes Sonnenlicht und sehr hellen Standort

Diese Pflanzen wollen kein direktes Sonnenlicht, aber hellen bis halbschattigen Standort

Diese Pflanzen vertragen keine direkte Sonnenbestrahlung und tolerieren schlechte Lichtverhältnisse

Pflanzung und Pflege

Hamamelis wird mit Ballen geliefert und im Herbst gepflanzt, damit die Blüte nicht gestört wird. Sonst ist die Pflanze anspruchslos, besondere Pflegemaßnahmen sind nicht erforderlich. Muß einmal ein Zweig entnommen werden, weil er scheuert oder der Strauch zu dicht wird, kann das im Winter geschehen. Zum Aufblühen in einen kühlen Raum gestellt, ergibt der Zweig den herrlichsten Zimmerschmuck.

Winterling *Eranthis hiemalis* **Abb. 22**

Knollenpflanze, leicht verwildernd ○–◐

5 cm hoch Blüte Februar bis März

Allgemeines und Merkmale

Vor allen anderen blüht die liebliche »Butterblume« des Winterlings über grazil geschnittenem Laub. Die Blüten lieben die Kälte, vergehen im Zimmer schnell, sind aber auf dem Beet anspruchslos. Sie verwildern leicht, die Laubblätter erscheinen nach der Blüte und ziehen im Mai wieder ein.

Standortansprüche

Am besten ist ein kalkhaltiger, humusreicher, feuchter Boden für diese Pflanze. Unter Bäumen und Sträuchern der ideale Standort. Das Laub der Gehölze liegenlassen, dem Winterling Ruhe gönnen.

Arten und Sorten

Als erster blüht *Eranthis cilicica* mit rötlichem Stiel und feinerem Laub. Durch Kreuzung von *E. hiemalis* und *E. cilicica* entstand *E. tubergenii* mit größeren Blüten und längerer Blütezeit. *E. hiemalis* stammt aus den westlichen Teilen Südeuropas, *E. cilicica* aus Griechenland und der Türkei.

Benachbarung

Entweder an Fenster-, Terrassen- oder in Wegnähe zur Bewunderung der frühen Blüte oder unter Laubgehölzen zusammen mit Schneeglöckchen, Traubenhyazinthe, Winterheide, Leberblümchen.

Pflanzung und Pflege

Die Knollen frühzeitig im Herbst in 5–7 cm Tiefe pflanzen. Der Winterling ist leicht durch Samen zu vermehren. Sofort nach der Ernte säen; die erste Blüte erfolgt 3 Jahre nach der Aussaat. Eranthis liebt Dauerstandorte, dort vermehrt es sich selbst.

Schneeglöckchen *Galanthus nivalis* **Abb. 23**

Zwiebelpflanze, leicht verwildernd ○–◐

15–20 cm hoch Blüte Februar bis März

Allgemeines und Merkmale

An jedem Stiel hängt aus dem Hochblatt eine dreiteilige Blüte heraus mit schmalen, weißen Blütenblättern und einem grünen Reif um das mittlere Röckchen. Die Stiele stehen in Büscheln, jeder auf seiner eigenen, schlanken Zwiebel. Die Blätter wachsen gleichzeitig mit der Blüte, sie werden bis zu 20 cm lang.

Standortansprüche

Schneeglöckchen lieben lockere, humose Böden mit genügend Feuchtigkeit. Sie vertragen auch Halbschatten. Der Lieblingsstandort ist der Gehölzrand, sie wollen jahrelang in Ruhe gelassen werden.

Arten und Sorten

Das »normale« Schneeglöckchen, *Galanthus nivalis*, ist am dankbarsten. Daneben gibt es noch eine gefülltblühende Form, *Galanthus nivalis flore pleno*. Noch etwas früher blüht das *Galanthus elwesii*. Schneeglöckchen werden seit dem 16. Jahrhundert in Mitteleuropa kultiviert, sie stammen aus den Laubwäldern Osteuropas und Kleinasiens.

Benachbarung

Unter Laubgehölzen zusammen mit Winterling, Traubenhyazinthe, Leberblümchen und Himmelschlüssel.

Pflanzung und Pflege

Einmal eingebürgert, vermehren sich die Schneeglöckchen durch Seitenzwiebeln, die genügend groß sind, so daß sie schon im ersten Jahr blühen. Bei einer Neupflanzung setzt man die Zwiebeln in eine Tiefe von etwa 6 cm. Weitere Pflege ist nicht erforderlich. Wenn sie im Rasen stehen, sollte dort nicht geschnitten werden, bis die Blätter anfangen zu vergilben.

Frühlingsknotenblume, Märzbecher — Abb. 1

Leucojum vernum

Zwiebelpflanze, leicht verwildernd

25–30 cm hoch Blüte März bis April

○–◉

Allgemeines und Merkmale

Landläufig heißt es: Das große Schneeglöckchen. Die Blüte hat eine regelmäßige Glockenform, sie besteht aus 6 gleichlangen Blütenblättern. Blütenfarbe weiß mit grünen Tupfen an den Zipfeln der Blütenblätter. Der Blütendurchmesser ist 2 cm, die Blüten stehen einzeln. Die Pflanze hat eiförmige Zwiebeln.

Standortansprüche

Die Märzbecher bevorzugen feuchte Standorte und kalkhaltige Böden. In der freien Natur wachsen sie in lichten Gehölzen, die im Frühjahr versumpft sind. Der Boden soll tief und humos sein, die Pflanzen vertragen Schattenlagen sehr gut.

Arten und Sorten

Neben *Leucojum vernum*, dessen Heimat in Mitteleuropa liegt und das auch – streng geschützt – heute noch bei uns in freier Natur vorkommt, kennen wir *Leucojum aestivum*, die Sommerknotenblume. Sie stammt aus Osteuropa und Asien, wird über 50 cm hoch, am Stengel befindet sich eine Traube von 3–7 Blüten. Blütezeit Juni/Juli. *Leucojum autumnale* stammt aus dem westlichen Mittelmeerraum, blüht von August bis Oktober, wird 20–25 cm hoch, die Blüten (in Trauben von 1–3 Blütenköpfen) haben karminrote Flecken. Name: Herbstknotenblume.

Benachbarung

An Gehölzrändern und an Bachsäumen mit Sumpfdotterblumen und Rosenprimeln.

Pflanzung und Pflege

Gekaufte Zwiebeln bald in 6 cm Tiefe stecken. Damit die Pflanzung natürlich wirkt, Zwiebeln auf dem Beet truppweise ausstreuen und genau auf den Plätzen, wohin sie gefallen sind, pflanzen. Manchmal gelingt die Anzucht aus Samen. Die Pflanzen sind dann im 3. Jahr blühfähig.

Vorfrühlingskrokus *Crocus chrysanthus*

Abb. 2 (s. S. 33) **u. 24**

Zwiebelknolle, leicht verwildernd
4–7 cm hoch Blüte März bis April

Allgemeines und Merkmale

Die Blütenbecher der Krokusse in Gelb und Blau gehören zum Frühjahrsbild der Gärten. Durch die reizenden Vorfrühlingskrokus, die *Crocus chrysanthus* von Weiß über Gelb bis Orange, die

Abb. 17: Japanischer Waldmohn
Hylomecon japonicum
Beschreibung S. 47

Abb. 18: Riesensteinbrech (Bergenie) Bergenia hybrida »Purpurascens«
Beschreibung S. 48

Vorfrühling

Abb. 19: Christrose (Schneerose, Nießwurz)
Helleborus niger
Beschreibung S. 49

Abb. 20: Seidelbast
Daphne mezereum
Beschreibung S. 52

Abb. 21: Chinesische Zaubernuß
Hamamelis mollis
Beschreibung S. 28

Abb. 22: Winterling
Eranthis hiemalis
Beschreibung S. 30

Vorfrühling

Abb. 23: Schneeglöckchen
Galanthus nivalis
Beschreibung S. 30–31

Abb. 24: Vorfrühlingskrokus
Crocus chrysanthus »Advance«
Beschreibung S. 32

Abb. 25: Kaufmanns-Tulpe
Tulipa kaufmanniana »Fabritius«
Beschreibung aller Verwandten S. 35

Abb. 26: Maßliebchen, Tausendschönchen
Bellis perennis
Beschreibung S. 41

Abb. 27: Kuhschelle
Pulsatilla vulgaris »Grandis«
Beschreibung S. 44

Abb. 28: Schneeheide
Erica herbacea (carnea) »Vivellii«
Beschreibung S. 44

Vorfrühling

Abb. 29: Wald-Anemone (Blaues Buschwindröschen) Anemone blanda »Radar« Beschreibung S. 50

Abb. 30: Zwergmandel
Prunus tenella
Beschreibung S. 54

Abb. 31: Sumpfdotterblume (einfach)
Caltha palustris
Beschreibung S. 51

Abb. 32: Sumpfdotterblume (gefüllt)
Caltha palustris fl. pl.
Beschreibung S. 51

Abb. 33: Rhododendron
»Album novum«
Beschreibung S. 56

Abb. 34: Azalee
Azalea, Sorte »Brazil«
Beschreibung S. 58

Frühling und Vorsommer

Abb. 35: Spätblühende Primel
hier: Primula bulleyana
Beschreibung S. 59

Abb. 36: Blaublattfunkie
Hosta sieboldiana
Beschreibung S. 59–60

statt der üblichen *Crocus vernus* gesetzt werden, verfrüht sich die Blüte um 14 Tage.

Standortansprüche

Jeder gute Gartenboden, auch jede Rasenerde ist geeignet, wenn keine Staunässe entsteht. Die Vorfrühlingskrokus lieben kalkhaltigen Boden.

Arten und Sorten

Neben dem Vorfrühlingskrokus gibt es den Frühlingskrokus: *Crocus vernus*. Er blüht etwas später. Bei beiden Gruppen ist die Sortenauswahl eine Frage der gewünschten Farbkombination.

Wer das Besondere liebt, kann einen Versuch mit dem ebenfalls sehr frühen *Crocus ancyrensis* machen oder dem heiklen heimischen *Crocus biflorus*, aber auch dem herbstblühenden *Crocus sativus*, dem Safrangewürz, das den Kuchen »gel« macht. Schön auch der Elfenkrokus *Crocus tomasianus* (Abb. 2).

Benachbarung

Krokus steht für sich, benachbart sich aber auch gern mit Schneeheide, Primeln und frühen Zwiebelschwertlilien.

Vorfrühlingskrokus werden in die Polster der Steingartenpflanzen oder ins hausnahe Beet gesetzt. Der spätere Frühlingskrokus, *Crocus vernus*, kann zwar im Rasen oder in der Wiese gepflanzt werden; nur darf man dort das Gras nicht schneiden, ehe das Krokuslaub zu welken beginnt. Sonst können die Zwiebeln nicht genügend Nährstoffe für das nächste Jahr speichern.

Pflanzung und Pflege

Krokusse sind billig im Vergleich zu der vielen Freude, die sie bereiten. Kaufen Sie sie im Hundert, streuen sie sie auf der Pflanzfläche in natürlichen Gruppen aus und pflanzen sie sie genau so in doppelter Zwiebeltiefe.

Besondere Pflege ist nicht vonnöten. Man kann die Zwiebeln auch in Schalen treiben, das heißt verfrühen.

Hyazinthe *Hyacinthus orientalis* — Abb. 3

Zwiebelpflanze, hochgezüchtet
20–25 cm hoch Blüte April

Allgemeines und Merkmale

Welch ein Duft, in ein Zimmer zu kommen, in dem eine Hyazinthe im Glas blüht. Nun, diese Zwiebel ist besonders präpariert. Aber die gleichen Arten und Sorten blühen auch auf Ihrem Gartenbeet. Und bei guter Pflege jedes Jahr wieder. Sie sind sogar winterhart. Und duften auch im Freien. Die prachtvollen Blütenkerzen in Weiß oder Rosa, Gelb, Blau oder Rot sind jedem bekannt.

Standortansprüche

Eine so hochgezüchtete Pflanze braucht besten, humosen, hochgedüngten Gartenboden, wenn sie viele Jahre erfreuen soll. Wer lieber jedes Jahr neue Zwiebeln kauft und pflanzt, wird nie enttäuscht sein – vorausgesetzt, er hält die Mäuse fern.

Arten und Sorten

Die ursprüngliche *Hyacinthus orientalis* stammt aus dem östlichen Mittelmeergebiet, die derzeit gezüchteten Arten und Sorten gleichen ihr fast nicht mehr. Die Hyazinthen wurden um die Mitte des 16. Jahrhunderts aus Konstantinopel nach Wien gebracht, von wo aus sie sich in die Gärten von ganz Europa verbreiteten. In den Niederlanden werden sie seit Beginn des 17. Jhds. gezüchtet. Bis zu 1800 Abarten hat man angebaut; die Pflanze wurde zu einer Spekulation, die jedoch nie die Ausmaße der »Tulpenmanie« erreichte. Heute gibt es Sorten in fast allen Farben, dazu einfache und gefüllte Formen.

Benachbarung

Prachtvoll wie die Hyazinthe selbst sollen auch ihre Nachbarn sein: Kissenprimeln, Blaukissen oder Trauben-Hyazinthen als Farbkontrast. Am schönsten wachsen die Pflanzen in einem ruhigen Gartenhöfchen oder in einem sonnigen Winkel gleich am Haus.

Pflanzung und Pflege

Es lohnt sich, Zwiebeln erster Größe zu kaufen, die auch sicher blühen. Sie werden, je nach Möglichkeit in Gruppen, im Oktober in ca. 12 cm Tiefe gepflanzt. Unter die Zwiebel gibt man etwas Sand zur Drainage. Wo Mäusegefahr ist, biegt man aus Kaninchendraht Körbchen und pflanzt da hinein.

Abgeblühte Treibhyazinthen ausgepflanzt, blühen im Garten im übernächsten Jahr.

Gartentulpe, Wildtulpe *Tulipa-Arten und -Sorten*

Abb. 4 u. 25

Zwiebelpflanze, teils Wild-, teils Beetstaude
15–75 cm hoch Blüte März bis Mai

○

Allgemeines und Merkmale
Tulpen mit ihren farbenfrohen Blütenkelchen auf kräftigen Stielen sind allgemein vom Beet oder vom Blumenstrauß her bekannt.
Die Tulpe ist etwa 1555 aus der Türkei nach Wien gekommen, sehr schnell hat sie sich über ganz Mitteleuropa ausgebreitet. Bald bemächtigten sich ihrer die Züchter. Die Pflanze zeigte eine so große Variabilität, daß das Tulpenzüchten im Barock zu einer Spekulation mit großen Geldsummen wurde. Bedingt durch die große Variabilität unterscheidet der Gärtner heute noch eine Unzahl von Klassen und Sorten.
Standortansprüche
Gut durchlässiger, nährstoffreicher Gartenboden und volle Sonne sind ideal. Bei Lehmboden gibt man zur Drainage unter die Zwiebel eine Handvoll Sand.
Arten und Sorten
Die züchterische Entwicklung ist auch heute noch so stark, daß sich Gruppen und Sorten innerhalb weniger Jahre verändern oder überholt sind. Bei den Beettulpen gliedert man in: Frühe einfache, Mendel-, Darwin-, Triumph-, Papageien-, lilienblütige Tulpen, späte Gartentulpen. Die »Botanischen Tulpen« gliedern gegenwärtig in: Frühe Wildtulpen, Kaufmanniana-, Greigii-, Fosteriana-Tulpen. Sie werden wegen der regen Nachfrage immer »beetwürdiger«.
Benachbarung
Die frühen, meist kleineren »Wildtulpen« stehen im Steingarten oder auf dem Frühlingsbeet in den Polstern von Blaukissen und Gänsekresse.
Die Gartentulpen sind so »anspruchsvoll«, daß sie eigene Beete verlangen, evtl. unterpflanzt mit Bellis, Vergißmeinnicht oder Stiefmütterchen. Die »Frühen Tulpen« zaubern uns Pracht auf das Rosenbeet, noch ehe die Rosen austreiben.

Pflanzung und Pflege
Zwiebeln im Frühherbst ca. 10 cm tief legen. Sand unter die Zwiebeln geben. Bei Mäuseverdacht Zwiebeln in Drahtkörbchen legen. Nach der Blüte muß die Zwiebel neue Kraft sammeln, deshalb das Laub belassen. Früher nahm man mit Abgilben des Laubes die Zwiebeln aus dem Boden, um sie (der Steppenherkunft analog) im Sommer trocken-kühl zu lagern. Immer mehr bürgert es sich ein, lieber alle paar Jahre einige neue Zwiebeln nachzukaufen.

Gartennarzisse *Narcissus-Arten*

Abb. 5 u. 6

Zwiebelpflanze, teils Wild-, teils Beetstaude
10–15 cm hoch Blüte März bis Mai ○–◑

Allgemeines und Merkmale
Die Narzissen stammen aus dem Mittelmeerraum. In Österreich und im Schweizer Jura sind die weißkronigen Dichternarzissen jetzt noch wiesenweise wild zu treffen. Sie sind geschützt und bleiben uns vielleicht so erhalten.
Standortansprüche
Die Narzissen lieben die »Anlehnung« des Standortes an ein Gehölz. Der Boden soll auch bei den Züchtungen möglichst kräftig sein. Da die Zwiebeln von den Mäusen nicht gefressen werden, sind Narzissen die idealen Blumenzwiebeln für den waldnahen Garten. Hier vermehren sie sich auch oft. In Schalen, Blumenkästen und Pflanztrögen halten sie mindestens ein Frühjahr lang aus.
Arten und Sorten
Nur die Gruppen seien genannt. Innerhalb jeder gibt es jährlich neue Sorten.
Osterglocken oder Trompetennarzissen, *Narcissus pseudonarcissus*, meist ganz gelb, mit langer »Trompete« vor dem Blütenteller. Dichternarzissen, *N. poeticus*, und Schalennarzissen, *N. incomparabilis*, mit oft weißem Blütenteller und kurzer, mittlerer Blumenkrone. *N. poetaz* mit mehreren Blüten auf jedem Stiel. Die kleineren Arten für den Steingarten werden unter »Botanische« oder »Wildnarzissen« zusammengefaßt.

Benachbarung
Vor und unter Gehölzen. Im »Immergrünen Garten« mit Primeln und anderen Frühjahrsblühern. Die zierlichen »Wildnarzissen« pflanzt man im Steingarten.
Pflanzung und Pflege
Narzissen im Frühherbst recht tief (20 cm) pflanzen, damit die Blüten nicht umfallen. Will man bei Laubeinzug umpflanzen, die Zwiebeln aufnehmen, Brutzwiebeln abnehmen und auf dem Beet das eventuell noch vorhandene Laub weiter einziehen lassen. Danach die herausgenommenen Zwiebeln sofort wieder legen.

Goldglöckchen *Forsythia intermedia* — Abb. 7
Strauch, sommergrünes Laubgehölz
3–4 m hoch Blüte April ○

Allgemeines und Merkmale
Der erste kräftige Blüher in den Gärten. Blüte mit tief geteilter, 4-zipfliger Krone, groß, goldgelb, sehr reichblütig. Nur wenige Ziersträucher blühen im April so zuverlässig und überreichlich. Sommergrünes Laub.
Standortansprüche
Alle Gartenböden, sonnig-warmer Stand. Gute Nährstoffversorgung ist wichtig. Frosthart, industriefest und kaum von Schädlingen befallen.
Arten und Sorten
Eine mit Ausnahme von *Forsythia europaea* in Ostasien beheimatete Gattung, von der es nur 6 Arten gibt, nämlich *F. europaea, F. giraldiana, F. japonica, F. ovata, F. suspensa* und *F. viridissima.* Von diesen hat sich nur *F. suspensa* durchsetzen können, die anderen Arten besitzen lediglich botanischen Wert. Von den vielen Bastarden dürfte *Forsythia x intermedia* die wertvollste sein. Sie ist eine Kreuzung zwischen *F. suspensa x F. viridissima.* Ausgezeichnete Sorten sind »Lynwood Gold« und »Spectabilis«.
Benachbarung
Einzeln oder in Gruppen bilden die Sträucher im Garten eine Blüteninsel. Ein guter Blühpartner ist die Blutjohannisbeere *(Ribes*

sanguineum) – rot. Zu den Sträuchern Blumenzwiebeln und Primeln pflanzen.

Pflanzung und Pflege

Pflanzung am besten im Herbst, damit die erste Frühjahrsblüte nicht gestört wird. Aus alten Büschen entfernt man zur Verjüngung die ältesten Triebe am Boden. Besser ist es, schon im Februar einzelne Triebe mit Knospen ins Haus zu nehmen und im Zimmer aufblühen zu lassen. Nach der Blüte kann man den Busch fertig auslichten. Wer auf die reichliche Blüte verzichtet, kann die Sträucher auch als lockere Hecke ziehen.

Blutjohannisbeere *Ribes sanguineum* Abb. 8

Strauch, sommergrünes Laubgehölz
2–3 m hoch Blüte April/Mai

Allgemeines und Merkmale

Niedriger bis mittelhoher Strauch mit roten Blütentrauben. Die Blätter sind einfach, gelappt und wechselständig, sie treiben früh aus. Die Blüten stehen in vielblütigen Trauben mit herrlicher roter Farbe.

Standortansprüche

Die Blutjohannisbeere ist wenig empfindlich, sie gedeiht in allen Böden ohne Staunässe. Die Lage kann sonnig bis halbschattig sein; auch im Schatten wachsen die Sträucher noch, sie blühen aber dann nicht mehr so reich. Frosthart und industriefest.

Arten und Sorten

Die nächsten Verwandten der Blutjohannisbeere sind die Goldjohannisbeere, die Alpenjohannisbeere und die Obststräucher Johannisbeere und Stachelbeere. Von *Ribes sanguineum* gibt es mehrere Sorten; die besten sind »Atroruben« und »King Edward VII«.

Benachbarung

Einzelstellung mit Frühjahrsblühern unterpflanzt oder als Vorpflanzung vor größeren Gehölzgruppen. Der beste aller Blühpartner für Forsythien.

Der Strauch ist nicht anspruchsvoll. Wo Zierjohannisbeeren aber unter Baumtraufen oder innerhalb von Gehölzpflanzungen gesetzt werden sollen, wähle man die widerstandsfähigere Goldjohannisbeere oder die ideal anspruchslose Alpenjohannisbeere.

Auch als locker geschnittene Hecke und zur Blickabschirmung können Blutjohannisbeeren dienen.

Pflanzung und Pflege

Pflanzung am besten im Herbst, um im Frühjahr ungestört die ersten Blütentrauben bewundern zu können. Schnitt nach dem Verblühen im Frühsommer.

Gartenmagnolie *Magnolia-Arten* Abb. 9

Strauch, sommergrünes Laubgehölz

3–6 m hoch Blüte April/Mai ○

Allgemeines und Merkmale

Sehr wertvoller, langsam wachsender Strauch bis Baum mit elliptischen Blättern und etwas frostempfindlichen Blüten. Die Baummagnolie *(Magnolia soulangiana* und Formen) hat glockige, aufrechte Blüten in Rosa bis Violettrot. Die 8 Tage früher blühende Sternmagnolie wächst strauchig und ist meist übersät von weißen Blütensternen.

Standortansprüche

Humus- und nährstoffreiche, etwas saure Böden und vollsonnige, geschützte Lage werden bevorzugt. In heißen Sommern großer Wasserbedarf. Deshalb sollten Magnolien nicht in Konkurrenz zu anderen Gehölzen gestellt werden.

Arten und Sorten

Eine nach dem französischen Botaniker Pierre Magnol benannte, mit etwa 80 Arten über Ostasien und Nordamerika verbreitete Gattung. Sie steht blütenbiologisch am Anfang einer uralten Entwicklungsreihe. Die Blüten haben Ähnlichkeit mit den Fruchtblättern eines Koniferenzapfens.

Die Gattung wird in die meist aus Ostasien stammenden frühblühenden Arten, die noch vor dem Laubaustrieb blühen, und in die sommerblühenden Arten eingeteilt. Die schönste Magnolie, ja das prächtigste aller Blütengehölze ist *Magnolia soulangiana. M. soulangiana »Nigra«* ist die dunkelste aller Magnolien. *M. denudata* entwickelt süßlich duftende, schneeweiße Blüten. *M. stellata,* die Sternmagnolie, hat sternförmige Blüten.

Benachbarung
Eine ausgesprochene Solitärpflanze für Einzelstellung auf dem Rasen oder dem Teppichbeet. Unterpflanzung mit Blumenzwiebeln oder Einjahresblumen.
Pflanzung und Pflege
Ballenpflanzung ist im Herbst und im Frühjahr möglich. Wichtig ist eine frostgeschützte, windruhige Lage. Besonders vor Spätfrösten sollten die Sträucher geschützt sein. Die Pflanzen sind besonders geeignet für den kleinen Atriumgarten, aber auch für den großen Pflanzkübel in Hausnähe oder auf dem Balkon.

Stiefmütterchen *Viola wittrockiana* Abb. 10

Zweijahresblume, Beetpflanze
15–30 cm hoch Blüte Febr./April und Okt./Nov.

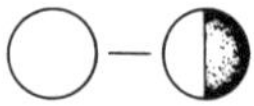

Allgemeines und Merkmale
Die Gesichter in den Stiefmütterchenblüten sind schon jedem Kind bekannt. Die Einzelblüte wird bei den modernen Züchtungen 4–10 cm groß, sie hat eine samtartige Oberfläche, das Farbenspiel reicht über alle bekannten Farben des Regenbogens. Die Pflanze ist robust, blühwillig und reichblühend.
Standortansprüche
Stiefmütterchen sind unempfindlich, sie gedeihen eigentlich überall, am besten ist jedoch ein lehmig humoser, nährstoffreicher Boden. Sonne bis Halbschatten ist ideal am Standort, die Pflanze wächst jedoch auch noch im Schatten.
Arten und Sorten
Viola tricolor und *Viola arvensis,* das Wilde Stiefmütterchen und das Ackerstiefmütterchen, wachsen auch heute noch wild auf unseren Fluren. Daraus sind in jahrhundertelanger Züchtungsarbeit unsere Gartenstiefmütterchen hervorgegangen. Sie werden zweijährig kultiviert und sind fast zu Winterblühern geworden.
Die frühesten sind »Pirnaer Frühblühende«; dann kommt eine Menge anderer Zuchtrichtungen, deren Besonderheiten vor allem den Berufsgärtner interessieren. Sie werden sich an Blütenform und -farben erfreuen und danach unter den angebotenen Pflanzen auswählen.

Benachbarung

Eine Beetpflanze, die zusammen mit Blumenzwiebeln, Bellis, Vergißmeinnicht und Goldlack stehen sollte. Sie füllt willig kahle Plätze zum Übergang aus. Auch für Schalen und Blumenkästen geeignet.

Pflanzung und Pflege

Pflanzung im Herbst oder im zeitigen Frühjahr in 15×15 oder 20×20 cm Abständen. Bei kräftigem Gartenboden sind nach dem ersten reichlichen Angießen und gelegentlichem Ausputzen nur ein oder zwei Nachdüngungen nötig.

Maßliebchen, Tausendschönchen, Gänseblümchen *Bellis perennis*

Abb. 26

Zweijahresblume, Beetpflanze

20–25 cm hoch Blüte Febr./April und Okt./Nov.

Allgemeines und Merkmale

»Er liebt mich ... von Herzen ...« ... Vor allem lieben wir die Gartenformen des Gänseblümchens wegen der Schönheit und Willigkeit im Blühen. Eine grundständige Blattrosette, aus der die Blütenköpfchen hervorwachsen, ist das Hauptmerkmal dieser Pflanze. Durch Züchtung entstanden viele Formen, einfach und gefüllt, von Weiß bis Dunkelrot.

Standortansprüche

Am besten ist natürlich ein lehmig-humoser Boden, aber das Gänseblümchen wächst eigentlich überall. Es ist eine unserer anspruchslosesten Gartenpflanzen, so recht fürs Kinderbeet.

Arten und Sorten

Die Stammform, das Gänseblümchen unserer Wiesen und Weiden, ist auch heute noch bei uns überall verbreitet. Schon seit dem 14. Jahrhundert ist die Pflanze in Kultur. Wenn sie auch nicht so variabel ist wie manche Zwiebelpflanzen, haben sich doch viele Sorten herausgebildet. Es gibt kleinköpfige Sorten, großköpfige Sorten mit Zungenblüten und großköpfige Sorten mit Röhrenblüten, so rechte Igelblüten.

Benachbarung

Zusammen mit Stiefmütterchen, Vergißmeinnicht, Goldlack und den verschiedensten Frühlings-Zwiebelpflanzen wächst das Maßliebchen auf unseren Beeten. Es füllt schnell kahle Plätze aus und ist Unterpflanzung für höhere Frühjahrsblumen.

Pflanzung und Pflege

Die Art läßt sich auch im voll erblühten Zustand gefahrlos verpflanzen; so ist also unserem Unternehmungsgeist keine Grenze gesetzt. Manchmal wintert das Tausendschönchen bei Kahlfrost aus, da ist dann Winterschutz mit Fichtenreisig notwendig. Auch in Schalen und Blumenkästen halten sich Maßliebchen, zusammen mit Stiefmütterchen und Vergißmeinnicht, gut.

Wenn es im Herbst still wird im Garten, können wir schon die nächste Generation Tausendschönchen als Winterschmuck pflanzen.

Vergißmeinnicht *Myosotis-Hybriden* Abb. 11

Zweijahresblume, Beetpflanze 15–30 cm hoch
Blüte Febr./April und Oktober/Nov.

Allgemeines und Merkmale

Einer der beliebtesten Frühjahrsblüher. Die blauen Blüten werden von lanzettlichen, rauh behaarten Blättern umrahmt.

Standortansprüche

Die Pflanze ist unempfindlich; eine leicht lehmige Gartenerde fördert jedoch das Wachstum.

Arten und Sorten

Die Gattung Myosotis ist in den gemäßigten Zonen auf der ganzen Welt verbreitet; etwa 50 verschiedene Arten unterscheiden die Botaniker. Unser Gartenvergißmeinnicht stammt von *Myosotis sylvatica,* das auch heute in feuchten Wäldern vorkommt. Eine Vielzahl von Sorten haben sich im Verlauf der Zeit entwickelt, die schönsten sind »Blaue Kugel« und »Blauer Korb«. Vom Sumpfvergißmeinnicht stammen die Staudenvergißmeinnicht mit ihren glatten Blättern ab. Die bekannteste Sorte ist hier »Perle von Ronneberg«.

Benachbarung

Mit Maßliebchen zu Farbenteppichen gepflanzt, im Beet und Blumenkasten, aber auch als willige Unterpflanzung zu hellfarbigen Blumenzwiebeln, Narzissen und Tulpen. Auch als Einfassung an Teppichbeeten.

Die Stauden-Vergißmeinnicht gehören in die Gesellschaft der feuchten Wiese und des Teichrandes.

Pflanzung und Pflege

Wie Maßliebchen lassen sich auch die Vergißmeinnicht in vollerblühtem Zustand verpflanzen; von Herbst bis Frühjahr ist da dem Einfallsreichtum des Gartenbesitzers keine Grenze gesetzt.

Goldlack *Cheiranthus cheiri* Abb. 12

Zweijahresblume, Beetpflanze

30–70 cm hoch Blüte April/Juni ○

Allgemeines und Merkmale

Der Goldlack war als Duftpflanze noch vor einer Generation viel mehr bekannt und beliebt als heute. Es ist ein zweijährig gezogener Halbstrauch, dessen Stengel am Grunde verholzen und der uns im Frühling mit seinem Duft erfreut.

Standortansprüche

Goldlack wächst gut in kalkhaltigem Lehmboden in voller Sonne. Allerdings braucht man sich nicht so eng an dieses Rezept zu halten; die Pflanze ist relativ unempfindlich. Man sollte sie vor strengem Frost schützen.

Arten und Sorten

Goldlack stammt aus Südeuropa, er gehört zu den Kreuzblütlern (wie zum Beispiel die Kohlarten). Es gibt den hohen »Stangen-Lack« und den niedrigen »Busch-Lack«, es gibt einfache und gefüllt blühende Sorten, die Farbskala reicht von Goldgelb bis Dunkelbraun. *Cheiranthus allionii (Erysimum allionii)* ist eine duftende Gartenhybride mit größeren Einzelblüten.

Benachbarung

Zusammen mit Tulpen, Stiefmütterchen, Vergißmeinnicht, Maßliebchen auf den in voller Sonne liegenden Schmuckbeeten. Heute trifft man den Goldlack noch vielfach in Bauerngärten an, wo er am Zaun einen ruhigen Platz hat.

Pflanzung und Pflege

Am besten kauft man Jungpflanzen im zeitigen Frühjahr und pflanzt gleich aus. Ist der Goldlack erst einmal eingebürgert, übersteht er oft mehrere Winter oder sät sich auch selbst aus. Nach einigen Jahren pflanzt man dann aus Originalzucht wieder nach.

Kuhschelle *Pulsatilla vulgaris (Anemone pulsatilla)* **Abb. 27**
Wildstaude, Steppenheidepflanze
10-40 cm hoch Blüte März/April ○

Allgemeines und Merkmale
Wie eine violette Kuhglocke hängt die Blüte auf kurzem Stiel. Schon im zeitigen Frühjahr erscheinen die Blüten, noch vor den tiefgeschlitzten Blättern. Nach der Befruchtung richten sich die Blütenstiele auf und tragen einen Lampion aus befiederten Früchten.
Standortansprüche
Die Kuhschelle liebt als Steppenheidepflanze durchlässigen, kalkhaltigen Boden in warmer, sonniger Lage, sie ist trockenheitsliebend.
Arten und Sorten
Früher war die Kuhschelle in Deutschland auf den Hüteflächen und Schafweiden häufig, heutzutage haben sich nur ganz wenige, voll geschützte Reliktflächen erhalten. Hier wachsen *Anemone pulsatilla* und *Anemone patens.* Vom Balkan kommen Arten mit nur gering abweichenden Merkmalen, *A. halleri* und *A. serotina.* In Gärtnereien angeboten werden dazu noch besonders großblütige Formen *(Pulsatilla vulgaris »Grandis«),* rot- und weißblühende.
Benachbarung
Im Garten setzt man die Kuhschelle im Steinbeet oder im großen Pflanztrog, wenn man nicht die natürliche Pflanzengesellschaft zusammenstellen kann mit Thymian, Frühlingsfingerkraut *(Potentilla verna),* Polygala und Festuca, eventuell sogar Federgras *(Stipa).*
Pflanzung und Pflege
Pflanzung mit Topfballen im Herbst oder im Frühjahr. Einmal gesetzt, müssen sich die Pflanzen in Ruhe entwickeln können. Als Pfahlwurzler lassen sie sich nicht umsetzen oder teilen.

Schneeheide *Erica herbacea (carnea)* **Abb. 28**
Kalkliebender Kleinstrauch, immergrün und winterblühend
20–30 cm hoch Blüte November bis April ○–◐

Allgemeines und Merkmale
Die Erika oder Winterheide stammt aus den trockenen Kiefernheiden der Alpen. Schon im Herbst schmücken die Blütenknospen, die im Frühjahr erblühen.
Dauerhafter Farbgeber, gegen den alle Arten von Wacholder und blaugrüne Gräser gut zur Wirkung kommen.
Standortansprüche
Nährstoffreiche, sandige, kalkhaltige Böden werden bevorzugt. Hier bleiben die Pflanzen gedrungen und gut ausgefärbt.
Arten und Sorten
Von der Winterheide sind die schönsten Sorten die dunkellaubige und -blütige »Vivelli«, die weiße »Springwood« und die wüchsige, rosa »Winterbeauty«.
Die Erica-Familie ist groß. Viele strauchige Arten stammen aus Südafrika. Auch die typische Friedhofs-Topfpflanze. In heimischen Mooren mit ganz anderen Standortansprüchen wachsen die weniger bekannten Glockenheiden *Erica tetralix.*
Benachbarung
Im Heidegarten in größeren Gruppen mit Festucaflächen und Kriechwacholder, dazwischen Solitärkoniferen, einzelne hohe Gräser oder Fingerhüte. Gut für Dachgärten und größere Kübel geeignet.
Pflanzung und Pflege
Erica herbacea wird mit Topfballen geliefert und im Herbst auf gut mit Torf verbreitetem Beet gepflanzt. Im Mittel 20 Pflanzen pro Quadratmeter. Bodenabdeckung mit Rindenraspel erleichtert die Unkrautbekämpfung.

Himmelschlüssel *Frühlingsprimel*

Abb. 13, 14 u. 15

Beetstaude, viele Arten und Sorten
10–30 cm hoch Blüte März bis Mai

○–◐

Allgemeines und Merkmale
Schon Ausgang des Winters werden die Töpfe mit blühenden, stengellosen Primeln in vielen Farben verkauft. Sie können sofort im Garten oder Balkonkasten gepflanzt werden. Bekämen sie alle

bodenfrische Plätze mit etwas Schatten im Sommer, entwickelten sie sich von Jahr zu Jahr schöner.
Primeln sind so vielfältig wie die Natur selbst. Alle anzuwenden, erfordert den Fachmann. Hier also nur die so erfolgreiche Primula acaulis.

Standortansprüche

Die Kissenprimeln sind so stark durchgezüchtet, daß sie einen kräftigen, humosen Gartenboden und bei der Blüte volle Sonne verlangen zum weiteren Gedeihen, dazu Nachdüngung und reichlich Sommerfeuchtigkeit, aber im Winter eher trockenen, geschützten Boden gegen Faulen und Erfrieren.

Arten und Sorten

Neben den acaulis-Primeln gibt es noch Zuchtrichtungen in gleichem Farbspiel und gleicher Blütengröße, aber die Blütenbüschel auf Stielen: *Primula elatior-Hybriden*. Der Gartenliebhaber schätzt vielleicht mehr die polsterartig wachsenden Kissenprimeln: *Primula juliae* oder *Pr. margotae*; auch *Pr. pruhoniciana* mit vielen Blüten, meist in Rottönen. In Vergessenheit geraten sind etwas die reizenden Ballprimeln, *Primula denticulata,* mit weißen bis violetten Blütenbällen auf 15–20 cm hohen Stielen. Am Bachrand ist unerreicht schön die Rosenprimel, *Pr. rosea.* Von den vielen Steingartenprimeln und den spätblühenden Etagenprimeln ganz zu schweigen. Primeln sind eine Wissenschaft.

Benachbarung

Auf Beeten zusammen mit den anderen Frühlings-Beetstauden oder unter lichten Baumbeständen zusammen mit Bergenien, Japanischem Waldmohn *(Hylomecon)*, Blauglöckchen *(Mertensia)* oder Buschwindröschen.

Pflanzung und Pflege

Die großen bunten Kissenprimeln werden schon wie Stiefmütterchen als Zweijahresblumen kultiviert. Wer mehr Arten und länger Freude haben will, wird sich in der Fachliteratur orientieren.

Hohler Lerchensporn *Corydalis cava* — Abb. 16

(s. auch S. 47)

Wildstaude, Knollenpflanze, Geophyt
10–35 cm hoch Blüte März bis Mai

◐

Allgemeines und Merkmale

In lichten Laubwäldern ist die Pflanze zu Hause und blüht da mit langgespornten, weißen oder roten Blüten vor dem Laubaustrieb der Gehölze.

Der andere Namensteil bezieht sich auf die hohle Knolle, mit der die Pflanze den Sommer übersteht, und die den Wildschweinen so gut schmeckt. Die beiden gefiederten Blätter und der lange Blütenstand erfreuen in Natur und Garten.

Standortansprüche

Der Lerchensporn ist ein Humuswurzler in heimischen Kalk-Buchenwäldern. Diese Bedingungen müssen wir ihm bieten können, soll er sich im Garten eingewöhnen lassen: Eine verrottende Laubschicht unter sommergrünen Sträuchern oder gar Bäumen.

Arten und Sorten

Außer dem hohlen Lerchensporn gibt es nur den sehr ähnlichen *Corydalis solida,* etwas feiner gefiedert, der auf dem Beet beständiger aushält (Abb. 16).

Ganz anders die gelbblühenden Lerchensporne, *C. lutea,* und der farnblättrige chinesische *C. cheiranthifolia,* die in Mauerfugen und zwischen Plattenbelägen wachsen und sich selbst in der Sonne gern weiter aussäen. Sie blühen im Sommer.

Benachbarung

Nur wenige Pflanzen füllen uns diese im Garten kritischen Plätze aus: Haselwurz und Maiglöckchen, Waldmeister und Bärlauch, evtl. Seidelbast und Türkenbundlilie.

Pflanzung und Pflege

Die Lerchenspornknollen werden im Herbst zur Zwiebelpflanzzeit in geeignetem Boden gelegt und im ersten Jahr eventuell mit einer zusätzlichen Laubschicht abgedeckt. Wo Mäuse in der Nachbarschaft sind, pflanzt man besser in Drahtkörbchen.

Japanischer Waldmohn *Hylomecon japonicum* Abb. 17

Wildstaude, Schattenstaude

30 cm hoch Blüte März bis Mai

Allgemeines und Merkmale

Ein gelbblühender Mohn im Waldschatten bei Maiglöckchen und Veilchen, das ist einzigartig.

Einmal eingebürgert in einem Gehölz, sorgt der Waldmohn für sich selbst, ohne lästig zu werden. Die gelben Schalenblüten leuchten unter den Sträuchern hervor und werden ständig durch neue ersetzt. Sie stehen über den geteilten Blättern. Wie Lerchensporn zieht die Pflanze schon bei Laubaustrieb der Sträucher ein. Sie hat in dem Jahr die Aufgabe, zu erfreuen, erfüllt.

Standortansprüche

Als Humuswurzler ist der *Hylomecon* wie Lerchensporn oder Buschwindröschen darauf angewiesen, daß schon eine verrottende Laubschicht unter den Sträuchern liegt, wo er angesiedelt werden soll. Jeder Gartenfan weiß aber, daß für solche Plätze in älteren Gärten immer geeignete Pflanzen fehlen.

Arten und Sorten

Die aus Ostasien stammende Art hat bei uns keine Verwandten. Auch Sorten sind noch nicht gezüchtet.

Benachbarung

Der Standort bestimmt, was in der Nachbarschaft »gerade noch wächst«: Lerchensporn und Maiglöckchen, Waldmeister und Haselwurz, Veilchen und Waldsteinia.

Pflanzung und Pflege

Erfolg hat nur die Pflanzung in eine entsprechende verrottende Laubschicht oder in eine nur flach eingearbeitete Auflage-Torfschicht. Düngung ist eher schädlich als nützlich. Eine Pflanze für geduldige Menschen mit alteingewachsenem Garten.

Riesensteinbrech, Bergenie *Bergenia hybrida* Abb. 18

Beetstaude, Großblattstaude ○–◐

30–40 cm hoch Blüte April bis Mai

Allgemeines und Merkmale

Das ganze Jahr über zieren die lederartigen Blätter. Die hohen »Steinbrechblüten« im zeitigen Frühjahr und die bunte Herbstfärbung der Blätter bei einzelnen Arten und Formen sind ein zusätzlicher Schmuck.

Standortansprüche

Frische, feuchte Böden, sonnig bis halbschattig, werden bevorzugt. In voller Sonne, gut gewässert, blühen sie am reichsten. In ungünstiger Lage zieht die Pflanze im Winter ihre Blätter ein.

Abb. 37: Silberwurz
Dryas octopetala
Beschreibung S. 61

Abb. 38: Trollblume
Trollius cultorum »Maigold«
Beschreibung S. 64

Frühling und Vorsommer

Abb. 39: Akelei
Aquilegia-Arten
Beschreibung S. 66

Abb. 40: Deutsche Schwertlilie
Iris × germanica-Hybriden
Beschreibung S. 67

Abb. 41: Deutsche Schwertlilie
Sorte »Twilight«
Beschreibung S. 67

Abb. 42: Rose
Rosa (Abb.: Edelrose)
Beschreibung S. 68–69

Frühling und Vorsommer

Abb. 43: Rose
Rosa (Abb.: Kletterrose)
Beschreibung S. 68–69

Abb. 44: Pfingstrose
Paeonia, Sorte »Jonny«
Beschreibung S. 70

Abb. 45: Türkischer Staudenmohn
Papaver orientale
Beschreibung S. 71–72

Abb. 46: Staudenlupine
Lupinus polyphyllus
Beschreibung S. 73

Frühling und Vorsommer

Abb. 47: Moossteinbrech
Saxifraga arendsii »Blütenteppich«
Beschreibung S. 76

Abb. 48: Südosteuropäischer stengelloser Enzian
Gentiana dinarica
Beschreibung S. 78

Abb. 49: Polsternelke (Steinnelke)
Dianthus caesius (grationo-politanus)
Beschreibung S. 79

Abb. 50: Maiblumenstrauch
Deutzia gracilis
Beschreibung S. 80

Frühling und Vorsommer

Abb. 51: Rittersporn
Delphinium × cultorum »Black Knight«
Beschreibung S. 82

Abb. 52: Großer Staudenphlox (Flammenblume)
Phlox paniculata »Sommerfreude«
Beschreibung S. 83

Arten und Sorten
Bergenia cordifolia und *Bergenia crassifolia* sind heute meist durch Sorten ersetzt wie »Morgenröte«, »Abendglut« oder »Silberlicht«. Daneben haben die Arten aus Yunnan und dem Himalaya, *Bergenia delavayi* und *Bergenia stracheyi* noch ihre Berechtigung. Sie werden aber nur selten angeboten.
Benachbarung
Die Pflanze wird gern in Kontrast gestellt zu Gräsern und Schwertlilienblättern. So hat sie sich im Garten so unterschiedliche Plätze wie das Steinbeet (Alpinum) und den (trockenen) Gewässerrand erobert.
Meist sind also dekorative Gründe für die Wahl des Pflanzplatzes entscheidend: am Fuße eines Wasserbeckens mit Schwertlilien, am Wegeeck mit Ginster, hinter einem Findling oder im Alpinum.
Pflanzung und Pflege
Man setzt zur Staudenpflanzzeit, also im November oder zeitigem Frühjahr, und gießt gut an. Die überwinternden Blätter müssen frei bleiben von Fallaub, daß sie nicht faulen. Wo die Erdtriebe zu weit aus dem Boden stehen, sollte man etwas Rasenerde nachfüllen, aber sonst die Pflanze in Ruhe lassen.

Christrose, Schneerose, Nießwurz — Abb. 19
Helleborus niger
Wintergrüne Staude, Winterblüher, Vorfrühlingsblüher
30–40 cm hoch Blüte November bis Mai Gehölzrand

Allgemeines und Merkmale
Die Christrose blüht oft in Schnee und Eis, weckt so die Sehnsucht auf das nächste Frühjahr. Da sie in den Alpen heimisch ist, hat sich die Mythologie viel mit ihr beschäftigt. Öfter werden Blüten aus der »Kalttreiberei« zu Weihnachten angeboten.
Weiße Blütenschalen bis 5 cm Durchmesser auf kurzen, kräftigen Stielen über handförmigen, lederigen Blättern.
Standortansprüche
Christrosen lieben einen kräftigen, kalkhaltigen Lehmboden und Halbschatten unter Sträuchern. Sie entwickeln sich langsam und

wollen jahrelang ungestört stehen, wenn sie sich zu kräftigen, reichblühenden Stöcken entwickeln sollen.

Arten und Sorten

Von der *Helleborus niger* sind verschiedene Typen im Handel, schon ab November blühend als *Helleborus niger praecox,* besonders großblütig, von den Südalpen stammend, als *Helleborus niger macranthus* Ausgang des Winters blühend. Daneben gedeihen schneller und williger rotblühende Formen als *Helleborus hybridus,* im März/April blühend.

Die heimischen, grünblühenden *Helleborus viridis* und *Helleborus foetidus* (die »stinkende«) wie die verschiedenen Wildarten des Mittelmeerraumes sind Pflanzen für den Liebhaber.

Benachbarung

Zusammen mit anderen Winterblühern, unter Hamamelis oder Hasel, mit Winterheide *(Erica herbacea),* frühen Zwiebelgewächsen und Primeln.

Pflanzung und Pflege

Pflanzen zur Vegetationsruhe mit Erdballen in kräftige Erde setzen, Pflanzstelle mit Torf abdecken.

Wald-Anemone, Blaues Buschwindröschen Abb. 29

Anemone blanda

Wildstaude, Knollenpflanze

10–15 cm hoch Blüte März bis April

Allgemeines und Merkmale

Zu den ersten Blühern im Garten gehört dieses blaue Windröschen, zart, aber in der Vielzahl überwältigend. Deshalb beschäftigt sich die Züchtung mit ihm. Eine beliebte Sorte blüht rot (Radar). Bald werden noch andere Sorten erscheinen.

Der Wurzelstock ist knollig, schwarz und flachrund, 5 Knollen ergeben eine Pflanze. Die Blätter sind stark geteilt, oft auf dem Boden liegend. Die Blüten kommen mit den Blättern, sind himmelblau, sie sind jedoch größer als die des Buschwindröschens. Nach der Blüte zieht die Pflanze ein.

Standortansprüche

Eine Schattenpflanze unter Waldgehölzen am Gehölzrand, das abgefallene Laub der Bäume und Sträucher sollte im Herbst liegengelassen werden. Es bildet so nicht nur den dringend erforderlichen Humus (auch diese Pflanze ist ein »Humuswurzler«), es schützt auch vor Frost; nicht überall ist Anemone blanda winterhart.

Arten und Sorten

Ähnlich sind *Anemone apennina* mit kleineren Blütensternen, *Anemone baicalensis* mit weißen Blüten, *Anemone nemorosa,* das bekannte Buschwindröschen, und *Anemone rannunculoides,* das Gelbe Buschwindröschen. *Anemone blanda* stammt aus Griechenland und Kleinasien und gehört wie alle Buschwindröschen zu den Waldanemonen.

Benachbarung

Unter Laubgehölzen zusammen mit Lerchensporn, Himmelschlüssel, Japanmohn, Lungenkraut, Traubenhyazinthe und Blausternchen. Und natürlich zusammen mit seinen nahen Verwandten.

Pflanzung und Pflege

Die Knöllchen werden mit den Blumenzwiebeln gehandelt. Fast alle Anemonen dieser Gruppe haben die Eigenschaft, nicht einzeln, sondern in Gruppen aufzutreten. Bitte berücksichtigen Sie das bei der Pflanzung. Man setzt im Herbst, gibt mit etwas trockenem Laub Winterschutz und überläßt die weitere Entwicklung der Natur.

Sumpfdotterblume *Caltha palustris*

Abb. 31 u. 32

Wildstaude, Staude der Bachränder und feuchten Wiesen

20–30 cm hoch Blüte März/April

Allgemeines und Merkmale

Die leuchtend gelben »Butterblumen« an den Bachrändern gehören wie Himmelschlüssel und Haselkätzchen zum »Erlebnis Frühling«. Da nimmt es nicht Wunder, daß schon vor Jahrhunderten gefülltblühende Formen in die Gärten geholt wurden. Die Blütenknospen der leicht giftigen Pflanze werden öfter als »Falsche Kapern« in Essig eingelegt.

Standortansprüche

Der humusreiche, kräftige Gartenboden entspricht den nährstoffreichen Auelehmböden am Naturstandort. Immer muß viel frisches Wasser vorhanden sein.

Arten und Sorten
Am meisten angeboten ist die gefülltblühende *Caltha palustris »Multiplex«*. Die einfache *Caltha palustris* übertrifft sie aber meist an Wüchsigkeit und Reichblütigkeit. Die weißblühende Form ist selten eine Bereicherung des Gartens. Sie gehört, wie die etwas dunkelstielige *Caltha cornuta*, in die Hand des Liebhabers.
Benachbarung
Am Bachrand und am Teichrand steht die Sumpfdotterblume gern zusammen mit Sumpfvergißmeinnicht und verschiedenen Himmelschlüsselarten, vor allem auch mit der entzückenden *Primula rosea* und mit späten Etagenprimeln.
Pflanzung und Pflege
Wie bei allen Pflanzen feuchter Standorte sind Teilung und Umpflanzung in der vegetationsfreien Zeit leicht jederzeit möglich, am besten im zeitigen Frühjahr, wenn das Wasser wieder eisfrei und der Austrieb noch nicht zu weit fortgeschritten ist.

Seidelbast *Daphne mezereum* Abb. 20

Strauch, sommergrünes Laubgehölz
bis 1,50 m hoch Blüte März/April

Allgemeines und Merkmale
Zauberhaft, die Fülle roter, stark duftender Blüten im so zeitigen Frühjahr, umflattert von überwinterten Schmetterlingen: Fuchs, Pfauenauge und Zitronenfalter.
Der heimische Strauch ist in der Natur voll geschützt, denn natürlich fällt er am Waldrand auf und verlockt zum Abreißen. Als Schlagpflanze ist er leider öfter etwas kurzlebig. Er sollte auch nur gepflanzt werden, wo keine Kinder durch die giftigen Beeren gefährdet sind.
Standortansprüche
Der Seidelbast wächst »wild« in lichten Laubwäldern, auch in Auenwäldern. Deshalb sollte der Boden humos, nährstoffreich, kalkhaltig und durchlässig sein.
Arten und Sorten
Vom Seidelbast sind vor allem die dunklen Farbvariationen gesucht. Gehandelt wird auch oft der ganz flach wachsende Rosmarinseidelbast *(Daphne cneorum)*, der aus Trockenrasengesell-

schaften stammt und entsprechend starke Sommerbesonnung verträgt.
Alle anderen Arten, auch *Daphne striata*, ebenso immergrüne Arten, haben nur Sinn für den Liebhaber.

Benachbarung

Der Kleinstrauch (bis 1 Meter Durchmesser) wird gern im Alpinum oder zwischen Polsterstauden vor Gehölzen gepflanzt. Wie am Naturstandort wächst Daphne zwischen Primeln, Leberblümchen und allerhand Blumenzwiebeln. So auch in Pflanztrögen, die nach dem Abblühen etwas schattig-kühl gestellt werden können.

Pflanzung und Pflege

Da die Pflanze stark an bestimmte Wurzelpilze *(Mykorrhiza)* gebunden ist, lohnt nur die Pflanzung vorkultivierter Sträucher mit Ballen. Man setzt im Herbst in humosen Boden. Je natürlicher der Standort, um so größer die Lebensdauer.

Frühling und Vorsommer: Mai bis Juni, vom Tag der Arbeit bis zum Johannistag

---

Felsenbirne *Amelanchier canadensis (= lamarckii)* **Abb. 53**
Strauch, sommergrünes Laubgehölz
bis 6 m hoch Blüte Mai

Allgemeines und Merkmale

Der sperrig wachsende Großstrauch blüht im Frühjahr überreich mit sternförmigen »Apfelblüten« und schmückt im Herbst nochmals durch prachtvolle Laubfärbung. Die heimischen Felsenbirnen wachsen schon am Gardasee in den Felswänden und blühen dort im April. Die Früchte ähneln schwarzen Johannisbeeren und schmecken exzellent. Wegen der Verwechslungsgefahr mit giftigen Sträuchern wird aber davon abgeraten. Leider hält die Vollblüte nicht allzulange.

Standortansprüche

Die im Garten heimischen nordamerikanischen Felsenbirnen sind an normale Gartenböden gewöhnt. Schönste Blüte und Laubfärbung dort, wo zur vollen Sonne auch die Wärmerückstrahlung von Plattenflächen kommt.

Arten und Sorten

Noch wenig züchterisch bearbeitet, da von Natur sehr schön. Gelegentlich wird die heimische *Amelanchier laevis* angeboten (Abb. 53).

Benachbarung

Der Strauch eignet sich vor allem zur Einzelstellung, läßt sich aber auch in lockere Strauchpflanzungen einordnen. Wegen des lockeren Wuchses ist die Unterpflanzung mit Stauden und Blumenzwiebeln leicht möglich. Auch für Dachgärten und Pflanzkübel geeignet.

Pflanzung und Pflege

Üblich ist die Pflanzung mit Ballen (als »Solitär«) in der laubfreien Zeit, vor allem im Frühjahr. Sonst ist keine Pflege nötig.

Zwergmandel *Prunus tenella* Abb. 30

niedriger Strauch, sommergrünes Laubgehölz
bis 1,5 m hoch Blüte April/Mai

Allgemeines und Merkmale

Der vieltriebige, leicht zurückfrierende Strauch blüht bis zum Boden herab mit entzückenden, lockeren, rosa Mandelblüten.

Wer ihn im Frühjahr an Feldrainen im Burgenland oder bis nach Griechenland – Türkei so sah, wird ihn liebgewonnen haben und gern dem rokokohaft gefülltblühenden »Mandelbäumchen« vorziehen.

Standortansprüche

Die Zwergmandel ist ein Kleinstrauch mit etwas lockerem Aufbau, sie breitet sich gelegentlich durch Ausläufer aus. Das sollte man beachten, wenn man ihn in den Steingarten, an den Rand einer Gehölzpflanzung oder in einen Kübel setzt. Der Boden sollte eher durchlässig als zu humusreich und »gut« sein. Volle Sonne ist unbedingt erforderlich, am besten wächst der Strauch im Weinbauklima.

Arten und Sorten
Wie schon der Name sagt, stammt der Strauch aus der Verwandtschaft unseres Steinobstes. Er ist aber nicht so durchgezüchtet wie Zierpflaumen, Zierkirschen oder Zieräpfel, zu denen er immer als »kleiner Bruder« dazugepflanzt werden kann.
Benachbarung
In der Natur ganz entzückend mit Wolfsmilch, Salbei und Iris. So auch am schönsten in naturnahen Gartenpartien.
Pflanzung und Pflege
Normale Ballenpflanzung in gut durchlässigen bis armen Geröllböden, aber in vollsonnigem, windgeschütztem Stand.

Japanische Scheinquitte, Japanische Zierquitte Abb. 54
Chaenomeles japonica
Strauch, sommergrünes Laubgehölz
1–2 m hoch Blüte April/Mai ○

Allgemeines und Merkmale
Die Blütenfarbe der Zierquitten reicht von Dunkelrot über Rosa bis Weiß, die niedrigen bis halbhohen Sträucher blühen außerordentlich reich. Eine Farbensymphonie, die eßbare, aber sehr pektinhaltige Früchte im Herbst hervorbringt, die vor allem für die Geleebereitung (am besten zusammen mit anderem Obst) geeignet sind. Alle Arten und Sorten haben Dornen, die Industriefestigkeit ist obligatorisch.
Standortansprüche
Zierquitten sind anspruchslos, sie gedeihen auch noch auf ärmsten Kalk- und Sandböden. In der Sonne wachsen sie am liebsten.
Arten und Sorten
Von *Chaenomeles japonica* sind viele Sorten gezüchtet worden; sehr schön ist »Crimson and Gold« (dunkelrote und gelbe Früchte), besonders dankbar »Andenken an Carl Ramcke« (zinnoberrot). Daneben wird auch *Chaenomeles lagenaria* angeboten, die höher wird als *Ch. japonica* und stark glänzende Blätter besitzt. Sie eignet sich für freiwachsende Hecken. Sämtliche Zierquitten stammen aus Ostasien. (Abb. 54 zeigt die Sorte *Chaenomeles sanguinca* »Scmiplcna«.)
Benachbarung
Zierquitten eignen sich zur Vorpflanzung vor höheren Sträuchern,

aber auch als Hecken. Sie können als Einzelstrauch auf die Staudenrabatte oder in den Rasen gepflanzt werden. Schön wirken sie im Frühlingsgarten. Unterpflanzung mit Frühlingsstauden und Blumenzwiebeln.

Pflanzung und Pflege

Man setzt im Herbst; die Pflanze ist anspruchslos, so daß kaum Pflege nötig ist. Sollte der Strauch zu dicht werden, kann man im Frühjahr nach der Blüte auslichten.

Alpenrose *Rhododendron-Arten*

Abb. 33 u. 55

Strauch, immergrünes Laubgehölz

bis zu 4 m hoch Blüte Mai/Juni

Allgemeines und Merkmale

Eine außerordentlich vielgestaltige Gattung, die mit mehr als 1000 Wildarten über die ganze Erde verbreitet ist. Die Blütenfarben reichen über das ganze Spektrum, die dunkelgrünen, glänzenden und immergrünen Blätter wirken das ganze Jahr zierend. Die meisten Arten sind frostempfindlich und oft sehr pflegebedürftig; fast alle sind kalkfliehend.

Standortansprüche

Rhododendren sind Wald- und Hochgebirgspflanzen; sie brauchen zu ihrem Gedeihen eine dicke, saure Rohhumusschicht. In Gebieten mit kalkreichen Böden also ein sehr schwieriger Strauch, denn schon das kalkreiche Gießwasser neigt den Boden zu »verkalken« und bringt die Rhododendren zum Vergilben und Absterben. Am liebsten stehen sie im Halbschatten, unter hochkronigen Bäumen mit tiefgehenden Wurzeln wie Eiche und Kiefer. Ideal ist es, wenn die Blüten durch einen hohen Baumschirm morgens und abends von den schrägen Sonnenstrahlen zum Leuchten gebracht werden. Ausdörrende Winde und trockene Südlagen sind gefährlich.

Arten und Sorten

In den Gärtnereien werden blühfähige Sträucher von den relativ widerstandsfähigen Sorten des »Standardsortiments« angeboten. Die robustesten, mit denen man anfangen sollte, sind *Rhododendron cattawbiense* in Violettrot und die Sorte »Cunninghams White« in fast Weiß mit schöner Schlundzeichnung der Blüten.

Daneben gibt es die zwergwüchsigen, kleinblumigen Arten, die Kinder der Hochgebirgsflora. Sie stammen aus den Zwergstrauchgesellschaften. Zu nennen sind hier *Rh. ferrugineum,* Rh. repens-Hybriden mit roter Blütenfarbe, *Rh. hirsutum* und *Rh. praecox* blühen rosa bis lila, *Rh. impeditum* blüht blau bis purpur. (Abb. 33 zeigt die Sorte »Album novum«.)

Benachbarung

Zu den großblumigen Rhododendren gehören alle »Moorbeetpflanzen«, also Kalmien, Pieris, eventuell Kirschlorbeer und Mahonien, als Unterpflanzung Heide und Gaultherien, als Vorpflanzung natürlich die Fülle der Azaleen, die ja wissenschaftlich auch Rhododendren sind.

Pflanzung und Pflege

Will man Rhododendren in seinen Garten aufnehmen, ist eine umfangreiche Bodenvorbereitung unerläßlich. Voraussetzung ist ein lockerer, humoser Boden, der mit Laubstreu, Moorerde oder Torf verbessert wird. Der pH-Wert darf die Zahl 5 nicht überschreiten (pH-Meßgeräte gibt es preiswert in jeder Samenhandlung). Diese Forderung einzuhalten ist besonders in Gegenden mit kalkhaltigem Boden schwierig; dort wird oft die ganze obere Bodenschicht entfernt und durch ein spezielles »Rhododendron-Gemisch« ersetzt, das aus Torf, Rhododendron-Spezialerde, Rindenhumus, ja manchmal sogar aus Trester, wie sie bei der Bierherstellung anfallen, besteht. Trotzdem ist es oft notwendig, diese obere Bodenschicht nach einigen Jahren wieder auszuwechseln, weil durch das kalkhaltige Gießwasser die Bodenreaktion, der pH-Wert, zu hoch geworden ist. Am leichtesten lassen sich Rhododendren in Urgestein- und Moorböden ziehen, wo von Natur aus die richtigen Voraussetzungen da sind.

Die Rhododendren haben, wie alle immergrünen Gehölze, ein großes Feuchtigkeitsbedürfnis. Man wässert schon vor der Pflanzung gründlich, natürlich auch nachher. Vor dem Winter brauchen die Pflanzen ebenfalls eine sehr gute Wassergabe, die immergrünen Blätter verdunsten ja über den ganzen Winter das Wasser, das die Wurzeln aus dem gefrorenen Boden nicht nachliefern können. Mulchen, also Abdecken der Pflanzscheiben mit Laub, wirkt wassersparend, Eichenlaub ist besonders günstig.

Man setzt mit Ballen im Frühjahr, auf die Anweisung der Lieferanten bezüglich der Frosthärte der Sorte ist besonders zu achten. Auch die Düngung ist eine besondere Wissenschaft. Während man

den zwergförmigen Hochgebirgsarten nur in dringenden Fällen eine Dunggabe zukommen lassen soll, brauchen die großblumigen Sorten schon wesentlich mehr. Also: Abdecken der Pflanzscheibe während des Winters mit verrottetem Rinderdung. Im Frühjahr auf 100 Liter Jauche 3 kg Superphosphat und damit gründlich gießen. Zur Mineraldüngung, die spätestens bis Juni durchgeführt werden muß, verwendet man schwefelsaures Ammoniak und Superphosphat.
Die abgeblühten Blütenstände muß man vorsichtig herausbrechen, um den Samenansatz zu verhindern. Um diese Zeit empfiehlt sich auch ein vorsichtiger Formierungsschnitt bei älteren Sträuchern. Um die sich flach ausbreitenden Wurzeln nicht zu gefährden, darf zwischen den Pflanzen nur wenig gehackt oder gegraben werden.

Azalee *Azalea-Arten* **Abb. 34**

Strauch, sommergrünes Laubgehölz
2–3 m hoch Blüte Mai/Juni

Allgemeines und Merkmale
Rhododendron und Azalea sind keine getrennten Gattungen mehr, der Name Azalea lebt lediglich im gärtnerischen Sprachgebrauch für *Azalea indica, japonica, pontica, sinensis* etc. etc. weiter. Heute spricht man am besten von Azaleenhybriden, die kleiner sind als die großblumigen Rhododendren, aber nicht so klein wie die Hochgebirgs-Alpenrosen.
Standortansprüche
Sie sind naturgemäß dieselben wie die der Rhododendren.
Arten und Sorten
Azaleen werden vielfach nur nach Farbe gehandelt. Die wesentlichen Gruppen sind Genter Azaleen (früher Pontica-Hybriden), Mollis-Hybriden, Rustica-Hybriden (gefülltblühend), die Immergrünen Hybriden und die Japanischen Azaleen. (Abb. 34 zeigt die Sorte »Brazil«.)
Benachbarung
Am besten wieder Eichenschirm und Hinterpflanzung mit Rhododendren und Moorbeetpflanzen. Zu den farbenprächtigen Azaleen passen gut Primeln, Farne und Gräser.
Pflanzung und Pflege
Genau wie bei den immergrünen Rhododendren.

Himmelschlüssel *Spätblühende Primel* Abb. 35

Beetstaude, viele Arten und Sorten
bis 100 cm hoch Blüte Mai/Juni

Allgemeines und Merkmale

Nicht nur die im vorigen Abschnitt besprochenen Frühlingsprimeln, auch die später blühenden »Etagenprimeln« wirken zauberhaft; vor allem im schon länger eingewachsenen Garten mit hohen Bäumen, einem Bachlauf, oder am Rand eines Moorbeetes.

Standortansprüche

Etagenprimeln kann man natürlich überall auf dem Beet pflanzen und gut gießen. Will man sie aber auf die Dauer ansiedeln, daß sie sich selbst erhalten, vielleicht auch vermehren, sollte man ihnen ein geschütztes Plätzchen, eventuell an einem Bach im Schutz von Sträuchern, zuweisen. Die Etagenprimeln sind erst auf dem Weg von der Wildpflanze zur Beetpflanze.

Arten und Sorten

Klare Farben haben *Primula japonica* in Rottönen je nach Sorte und die entzückende hellgelbe *Primula florindae*. Das züchterische Farbenspiel mit gelb-orange Tönen beginnt so recht bei *Primula beesiana* und *Prim. bulleyana,* vor allem bei der Kreuzung dieser beiden, der *Pr. bulleesiana.*

Benachbarung

Diese gesamten Sommerprimeln wachsen gern an den ihnen zusagenden Standorten zusammen mit Bachnelkenwurz *(Geum rivularis),* dem Tibetanischen Scheinmohn *(Meconopsis bayleyi)* und den Astilben. Ihren vollen Zauber entfaltet diese Gesellschaft im gedämpften Licht einer Waldwiese.

Pflanzung und Pflege

Pflanzung mit Erdballen im Frühjahr. Besonders im Anfang sollten die Stauden gut feucht gehalten werden. Düngung wird bei den Gartenformen von Zeit zu Zeit nötig.

Blaublattfunkie *Hosta sieboldiana* Abb. 36

Beetstaude, Schattenpflanze
bis 60 cm hoch Blüte Juni/Juli

Allgemeines und Merkmale

Funkien gehören mit ihren schönen, verschiedenartig gefärbten und gemusterten Blättern zu unseren dekorativsten und anspruchslosesten Blattschmuckstauden. Die Blätter der Blaublattfunkie sind graugrün, oberseits schwach bläulich bereift.

Standortansprüche

Die Kultur ist in jedem nahrhaften Gartenboden möglich. Am wohlsten fühlen sich die Funkien im Halbschatten, sie vertragen aber auch (begrenzt) Sonne und tiefen Schatten, sogar Baumdruck.

Arten und Sorten

In Japan und China leben zahlreiche Arten, Hybriden und Kulturformen. Vor ca. 100 Jahren wurden die Funkien aus japanischen Gärten nach Europa gebracht. Zur Zeit gibt es bei uns ca. 16 Arten mit vielen Hybriden und Sorten. Wichtig sind neben den bereiften *H. sieboldiani* und den großblättrigen *H. fortunei* die schmalblättrigen *H. lancifolii* und die verschiedenen buntlaubigen und gewelltblättrigen Formen wie Hosta undulata »Variegata«.

Benachbarung

Im schattigen Garten sind diese langlebigen Blattgewächse unentbehrlich, auch am Gehölzrand sind sie wichtig. Sie wachsen zusammen mit Efeu, Goldnessel *(Lamium galeobdolon)*, Immergrün und Ysander *(Pachysandra terminalis)* unter Gehölzen.

Pflanzung und Pflege

Vermehrung und Teilung, am besten im Frühjahr kurz vor dem Neuaustrieb. Funkien sind wie die meisten Waldstauden anspruchslos, auf den ihnen zusagenden Standorten wachsen sie zügig an und weiter.

Hornveilchen *Viola cornuta* Abb. 56

Beetstaude, reichblühend

bis 25 cm hoch Blüte Mai bis August ○–◑

Allgemeines und Merkmale

Aus dem ursprünglich etwas größeren Hornveilchen ist durch Züchtung im letzten Jahrzehnt ein zwar etwas kleinblütiges, aber ausdauerndes und unermüdlich blühendes »Stiefmütterchen« geworden. Bei modernen Sorten gibt es längst auch dreifarbige Blüten mit netten »Gesichtern«.

Standortansprüche

Hornveilchen sind typische Beetstauden, die guten, nährstoff- und humusreichen Gartenboden lieben. Sie wachsen aber auch auf durchlässigem Geröllboden, auf Terrassen und Hängen. Sonne bis leichter Halbschatten ist richtig.

Arten und Sorten

Inmitten der großen Veilchenverwandtschaft, zu der auch Stiefmütterchen und Duftveilchen gehören, ist das Hornveilchen ein bedeutender Vertreter. Es stammt aus den Pyrenäen und wächst dort auf steinigen Schutthängen, zum Teil in voller Sonne, zum Teil unter Kleingehölzen. Sorten »Hansa« (dunkelblau), »Famös« (weinrot), aber die Züchter haben auch weiße, gelbe und rosa Formen erreicht, wie zum Beispiel »Boullion« (dunkelzitronengelb) und »White Perfection« (reinweiß). »Angerland« hat die Staudensichtungsbewertung xx und blüht lilablau.

Benachbarung

Zusammen mit Alpenaster *(Aster alpinus)*, Kanadaphlox *(Phlox divaricata)* und Moossteinbrech *(Saxifraga caespitosa)* auf Steinanlagen (nicht Alpinum) oder vor Tränendem Herz und Gemswurz auf Beeten.

Pflanzung und Pflege

Man pflanzt im Herbst oder im Frühjahr, in sehr rauhen Lagen ist Winterschutz erforderlich. Ist das Veilchen einmal eingewachsen, wuchert es zügig weiter. Wie bei allen Stauden ist eine Frühjahrsdüngung notwendig.

Silberwurz *Dryas octopetala* — Abb. 37

Kriechender Zwergstrauch, immergrün, Steingarten
5–10 cm hoch Blüte Mai/Juni ○

Allgemeines und Merkmale

Ein Zwergstrauch, der in den Hochgebirgen von Subarktis und Arktis zu Hause ist und sich dort mörderischen Klimabedingungen angepaßt hat. Die Pflanze ist eine unserer wichtigsten und dauerhaftesten Steingartengewächse, blüht im Frühsommer überreichlich mit großen (5–10 cm Ø) silberweißen Blüten (daher der Name), besitzt immergrüne Blätter (die älteren Blätter sind im Winter braun) und hübsche, federige Samenstände.

Standortansprüche

Silberwurz liebt kalkhaltige Böden mit gutem Wasserabzug, die in voller Sonne liegen. Humus sollte natürlich etwas da sein, Trockenheit wird anstandslos vertragen. Dryas ist, bedingt durch ihre Herkunft, sehr robust.

Arten und Sorten

Neben Dryas octopetala ist noch *Dryas drummondii* im Handel, die aus dem nördlichen Amerika stammt. Eine Kreuzung zwischen den beiden Arten ist *Dryas suendermannii* mit größeren Blüten und Blättern. Es ist die heute am meisten in unseren Gärten verwendete Art.

Benachbarung

Dryas sind verträgliche Flächendecker, auch für artenreiche Pflanzungen. Sie bilden dichte Matten über dem Gestein. Schön sehen sie aus zusammen mit dem Primel-Mannsschild *(Androsace primuloides)* und mit Enzianarten, Kugelblumen, Hungerblümchen *(Draba)* und niedrigen Glockenblumen.

Pflanzung und Pflege

Man setzt in größeren Trupps im Herbst oder im Frühjahr. Im Verpflanzen ist Silberwurz empfindlich; sie wächst gut auf Mauerkronen, in Fugen und auf Geröll- und Kiesflächen.

Kriechende Nelkenwurz, Teufelsbart

Abb. 57

Geum reptans

Wildstaude, Steingarten

15 cm hoch Blüte Mai/Juni

Allgemeines und Merkmale

Hier einmal eine Pflanze der großen Höhen, die an ihrem natürlichen Standort in den Hochgebirgen Süd- und Mitteleuropas entzückend blüht, im Tiefland aber manchmal nicht so recht mag und deshalb vornehmlich von Steingarten-Liebhabern gepflegt wird. Die Blüten stehen einzeln, sind groß und gelb, der Fruchtstand ist langgrannig wie bei Kuhschelle oder Silberwurz. Die Pflanze treibt lange, oberirdische Ausläufer.

Standortansprüche

Entsprechend ihrem Standort auf absonnigen Geröllhalden sollte die Kriechende Nelkenwurz in gesteinshaltiger Erde stehen, der anmoorige Erde, ja sogar Sumpfmoos zugesetzt wurde. Kalk darf auf keinen Fall vorhanden sein, Feuchtigkeit ist unbedingt nötig.

Arten und Sorten

Es gibt nur diese Art, Sorten und Hybriden wurden noch nicht gezüchtet. Einzug in die Gärten haben nahe Verwandte gehalten, so die bei uns an den Bachrändern wachsende *Geum rivale,* die Bachnelkenwurz, und *Geum coccineum,* die aus dem Balkan und Kleinasien stammt. Ihrer haben sich die Züchter angenommen und zahlreiche Hybriden und Sorten entwickelt.

Benachbarung

Zusammen mit Alpenprimeln auf absonnigen, vermoorten, steinhaltigen Plätzen, die niemals austrocknen.

Pflanzung und Pflege

Alpinum-Besitzer kennen die Sonderwünsche ihrer Pfleglinge. Beim Teufelsbart ist's etwas torfiges Erdgemisch im Pflanzloch auf viel durchlässigem Urgesteinsschotter und häufiger Tau und Sprühnebel. Die Schönheit und die Seltenheit dieser Pflanze lohnt aber die Mühe.

Gemswurz, Gelbe Frühlingsmargerite — Abb. 58

Doronicum caucasicum

Beetstaude, reichblühend

40 cm hoch Blüte Mai/Juni

Allgemeines und Merkmale

Ein gelbes Blütenmeer im Frühsommer, das sind die Gemswurz-Arten. Die gelben Körbchenblüten überziehen im Mai die Frühlingsbeete mit ihrer Pracht; sie sind beliebte Schnittblumen und lassen sich auch verfrühen.

Standortansprüche

Auf dem Staudenbeet oder am Gehölzrand in nährstoffreichen, humosen Böden, die nicht austrocknen sollten. Die Gemswurz steht in kleinen Trupps im leichten Schatten, verträgt aber auch die volle Sonne.

Arten und Sorten

Unsere *Doronicum caucasicum* stammt aus dem Kaukasus, wie schon der Name sagt, war also ursprünglich eine Gebirgspflanze.

Die Züchter haben sich ihrer angenommen und viele Sorten hervorgebracht. Gefüllt blüht »Frühlingspracht«. »Riedels Goldkranz« hat breite, doppelte Randblütenblätter, sie wird nur 25 cm hoch, eine kompakte Sorte. *Doronicum plantagineum* stammt aus SW-Europa; hier ist die großblumige Sorte »Excelsum« sehr empfehlenswert.

Benachbarung

Zusammen mit dem blauen Kaukasus-Vergißmeinnicht *(Anchusa myosotidiflora)*, der Roten Nelkenwurz *(Geum coccineum)* und der Bergflockenblume *(Centaurea montana)*.

Pflanzung und Pflege

Pflanzung im Herbst oder im Frühjahr, ab 2. Jahr ist eine Frühjahrsdüngung vonnöten. Nach einigen Jahren haben sich die Pflanzen so ausgebreitet, daß sie aufgenommen, geteilt und in frischer und gut vorbereiteter Erde neu gepflanzt werden müssen.

Trollblume *Trollius hybridus* Abb. 38

Beetstaude

60 cm hoch Blüte Mai/Juni

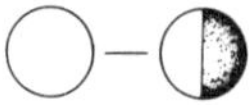

Allgemeines und Merkmale

Die gelbe Trollblume unserer Bergwiesen und -matten hat Eingang in die Gärten gefunden; die Züchter haben sich ihrer angenommen und die Blüten zu großer Pracht entwickelt. Eine schöne Schnittblume.

Standortansprüche

Trollblumen wachsen auf sonnigen, nährstoffreichen Böden in Wassernähe. Aber auch das Frühlingsbeet ist der Standort dieser Pflanze, die gerne auf gut humusversorgtem Gartenboden wächst.

Arten und Sorten

Trollius europaeus ist unsere heimische Trollblume, der Troll unserer Gärten ist eine Hybride *(Trollius x cultorum)*, an deren Zustandekommen die Arten *Trollius asiaticus*, *T. chinensis* und *T. europaeus* beteiligt waren. Die Sorte »Earliest of All« besticht immer noch durch ihren Blütenreichtum. »Goldquelle« blüht gelborange und spät, »Orange Globe« orangegelb und mittelfrüh. Bedeutung erlangt hat auch *Trollius chinensis* mit nicht kugel-, sondern schalenförmigen Blüten. Die bekannteste Sorte ist hier »Golden Queen«. (Abb. 38 zeigt die Sorte Trollius cultorum »Maigold«.)

Benachbarung

Auf dem Beet in Wassernähe zusammen mit dem Kaukasusvergißmeinnicht, mit der Sibirischen Schwertlilie, Sumpfvergißmeinnicht, Himmelschlüssel und Mädesüß. Die Trollblumen lassen sich aber auch auf der Staudenrabatte einordnen, wenn sie da kräftigen Wiesenlehmboden vorfinden. Achtung! Trollblumen sind eine der wenigen Stauden, die in der Wiese mit Erfolg ausgepflanzt werden können.

Pflanzung und Pflege

Gepflanzt wird im zeitigen Frühjahr, denn schon bald zeigen sich die ersten Blütenstiele. Einmal eingebürgert, können sie lange an ihrem Platz ausharren, bis die Pulks zu groß werden und geteilt und neu aufgepflanzt werden sollten.

Gold-Wolfsmilch *Euphorbia epithymoides (polychroma)* Abb. 59

Beetstaude ○

30–40 cm hoch Blüte Mai/Juni

Allgemeines und Merkmale

Einer der wenigen Langeblüher, eine golden strahlende Wolfsmilch, bei der Hochblätter (nicht die Blüten) das farbige Element ergeben. Die Pflanze wächst halbkugelig und buschig, der Milchsaft ist giftig.

Standortansprüche

An sich ist jeder Gartenboden in sonniger Lage recht, er sollte kalkhaltig und trocken sein.

Arten und Sorten

Von *E. epithymoides* existieren keine Sorten. Es gibt zwar auf der Erde 1600 Wolfsmilch-Arten, aber winterhart sind davon nur wenige. Wertvoll für den Garten ist noch *E. amygdaloides* (wintergrün), die kriechende *E. capitulata*, *E. griffithii* mit orangeroten Hochblättern und *E. myrsinites*, die Walzen-Wolfsmilch.

Benachbarung

Auf dem Beet neben Erigeron und Aster alpinus, Geum und den frühen Margeriten.

Pflanzung und Pflege
Pflanzung mit Topfballen im Frühjahr, wegen der fleischigen Wurzeln sind Umpflanzen und Teilen kaum möglich. Die Wolfsmilch hält lange an ihrem Platz aus.

Akelei *Aquilegia-Arten* **Abb. 39**
Beetstaude ○–◐
50–75 cm hoch Blüte Mai/Juni

Allgemeines und Merkmale
Die Akelei, seit dem Mittelalter in deutschen Gärten in Kultur, erfreut sich immer noch großer Beliebtheit. Sie ist einfach zu handhaben, sät sich oft selbst aus, die Blütenform ist apart, und Botaniker und Gärtner haben uns zu der heimischen blauen Art *(Aquilegia vulgaris)* eine Fülle ausländischer Arten beschert, die durch ihre oft langspornigen und auffallend gefärbten Blüten einen besonderen Akzent setzen. Die Akelei ist auch als Schnittblume schön.
Standortansprüche
Gut mit Humus und Nährstoffen versorgte Gartenböden sind richtig, Kalk kann ruhig vorhanden sein. Akeleien vertragen Sonne, sie wachsen aber auch im Halbschatten.
Arten und Sorten
Die Gattung Aquilegia wächst in unzähligen Arten, Formen und Sorten in der nördlich gemäßigten Zone der ganzen Erde. *A. vulgaris* lebt – streng geschützt – auch »wild« an deutschen Waldrändern, sie blüht dunkelblau. Es gibt davon viele verschiedene Farben für den Garten. Langgespornt, mit den unterschiedlichsten Farben und Farbkombinationen ist *A. caerulea,* besonders schön ist da »Olympia Rot-Gold« (goldgelb-scharlachrot) und »Mc. Kana«; die Blüten dieser Sorte sind außerordentlich langgespornt, die Farbskala reicht über den ganzen Regenbogen. *Aquilegia chrysantha* ist bis 1 Meter hoch, die Blüten sind breit, hell- bis goldgelb, der Sporn ist abstehend. Die Blüten von *A. flabellata* sind kurzspornig, lilablau mit weißen Honigblättern.
Benachbarung
In kleinen Trupps im Beet oder am Gehölzrand, die einzelnen Arten zusammen mit Blutströpfchen, roten späten Wildtulpen, Waldgeißbart und Türkenbundlilien.

Pflanzung und Pflege
Pflanzung zur üblichen Staudenpflanzzeit. Einmal heimisch geworden, säen sich die meisten Arten von selbst aus, allerdings geht das bei komplizierten Züchtungen auf Kosten der Sortentreue. Diese Hybriden vermehrt man am besten durch Teilung.

Deutsche Schwertlilie *Iris x germanica-Hybriden (Barbata-Elatior-Gruppe)*

Abb. 40 u. 41

Beetstaude, Rhizom
40–100 cm hoch Hauptblüte Mai/Juni

Allgemeines und Merkmale
Den deutschen Namen hat die Schwertlilie von den schwertartigen Laubblättern und den liliengleichen Blüten. Weil eine heimische Art an Flußufern wächst, glaubt man, alle Iris wollen feucht stehen. Keinesfalls. Die große Gruppe der Bartiris, die die hauptsächlichen Gartenschwertlilien stellt, stammt aus Steppengebieten, verträgt viel Trockenheit und braucht viel Wärme.
Die Züchtung ist in vollem Gang. Jedes Jahr erscheinen neue Blütenfarben und -formen. Die Freunde dieser Pflanzen haben sich in eigenen Gesellschaften zusammengeschlossen.
Neben den Bartiris gibt es noch andere gartenwichtige Schwertlilien. Den Jahresreigen beginnen die kleinen »Zwiebeliris« zusammen mit den bunten Krokus. Dann folgen die meist duftenden »Zwergiris«, die in Schalen und auf Mauerköpfen wachsen. Anfang Juni erblühen die »Deutschen Schwertlilien« mit alten Bauerngartensorten und der Fülle europäischer und vor allem amerikanischer Hochzüchtungen. Dann blüht auch die bartlose Iris, die gelbe heimische Wasserschwertlilie *(Iris pseudacorus)*, die blaue Moorschwertlilie *(Iris sibirica)* und schließlich die seltene und heikle Japanische Schwertlilie *(Iris kaempferi)*.
Standortansprüche
Deutsche Schwertlilien brauchen volle Sonne und warme, gut durchlässige Böden. Am wohlsten fühlen sie sich im Weinbauklima. Dort sind auch die Stammeltern dieser Pflanzen zu finden. Aber sie sind »gartenzahm« geworden, gedeihen in jedem guten Gartenboden. Die neuen Sorten brauchen kräftige, altgedüngte

Erde und müssen oft umgepflanzt werden, damit sie aus neuen Seitenrhizomen wieder große Blüten entwickeln. Die alten klein- und vielblütigen Sorten bilden große Horste und sind weniger anspruchsvoll. Das gilt auch für die Interregna-Sorten und die Zwergschwertlilien.

Bei der »bartlosen Iris« beginnt die Züchtung erst. Sie brauchen lehmige Gartenböden mit mehr Feuchtigkeit. Die Edelsteine der Japaniris wollen vor allem im Blütemonat im Wasser stehen.

Arten und Sorten

Wollen Sie Iris in Ihren Garten nehmen, scheuen Sie sich, bitte, nicht, mit den dankbaren alten »Landsorten« zu beginnen. »Brunhild« (gelb/rotbraun), »Goldfackel« (goldgelb), »Rosenquarz« (rosa mit rotem Bart), »Sable Night« (schwarzblau). Am Wasser probieren Sie die zauberhaft gezeichneten *Iris sibirica,* etwa die Sorte »Cäsar«.

Benachbarung

Bartiris werden meist gruppenweise in der Staudenrabatte gepflanzt, zwischen Helenium und Astern, die ihre Standplätze später füllen. Besser ist es, hohen Sommerblumen diese Aufgabe zu übergeben.

Richtig gepflanzt, stehen Bartiris aber horstweise auf sonnig-trockenem Hang über Thymuspolstern und Gräsern mit Kentranthus und späten, hohen Fetthennen *(Sedum telephium* »Herbstfreude«). So gedeihen auch die kleinen *Iris pumila.*

Pflanzung und Pflege

Schwertlilien werden bald nach der Blüte gepflanzt oder umgepflanzt, wenn das Laub einzieht. Die Rhizome brechen leicht. Bruch- und Schnittstellen sind mit Holzkohle gegen Pilzkrankheiten einzupudern. Die Rhizome werden ganz flach gepflanzt, sie liegen am Boden auf, nur die Wurzeln gehören in die Erde.

Iris sibirica wird wie andere Stauden im Herbst oder Frühjahr gepflanzt, umgepflanzt oder geteilt. Zwiebeliris legt man wie Krokus im frühen Herbst.

Rose *Rosa*

Abb. 42 u. 43 ○

Sommergrünes Laubgehölz, viele Wuchsformen
Blüte von Mai bis Herbst

Allgemeines und Merkmale
Seit Jahrtausenden werden Rosen von den Menschen kultiviert. Sie sind aus Geschichte, Religion, Literatur, Malerei und Musik nicht wegzudenken. Die wahrhafte Königin der Blumen.
Standortansprüche
Ein gut gedüngter, nährstoffreicher Gartenboden in voller Sonne, das sind, auf einen einfachen Nenner gebracht, die Standortansprüche der Rosen.
Arten und Sorten
Die Kreuzung der Wildarten schuf eine Fülle von Sorten, die Art der Kultur eine ganze Anzahl Anwendungsgruppen. Sprechen wir von Edelrosen, denken wir an wohlgeformte, zarte Blüten, möglichst mit betörendem Duft, die auf kaum meterhohen Sträuchlein wachsen, veredelt auf Wildrosenwurzel. Die Farben wechseln mit den Modefarben: weiß, gelb, rosa, rot, cognacfarben, mehrfarbig. Neuerdings wird wieder auf Duft Wert gelegt.
In der anderen niedrigen Gruppe, den Polyantharosen (Vielblütige Rose) und der Zwischengruppe Floribundarosen ist die Rose nur noch Farbträger für die Wirkung in der großen Fläche, so wie manche Sommerblume auch. So wird sie im öffentlichen Grün gepflanzt.
Edelrosen in anderer Wuchsform sind Hochstammrosen. Wegen des Kulturrisikos glücklicherweise nicht mehr so in Mode.
Eine andere Zuchtrichtung mit eigenen Sorten sind die Kletterrosen, für Wandbekleidung, Rosenbögen oder -lauben.
Das Neueste sind bodendeckende Rosen.
Und das Älteste, Natürlichste und Unkomplizierteste sind die Strauchrosen, zu denen Wildarten genauso gehören wie neue Zuchtrichtungen der Mehrfachblühenden Rosen *(Rosa kordesii)* oder die zauberhaften alten Sorten der Zentifolien und Moosrosen, die jetzt erst langsam wieder entdeckt werden.
Benachbarung
In den meisten Rosengärten werden die verschiedensten Arten, Gruppen und Farben kombiniert, um reizvolle Effekte zu erzielen. Einrahmen kann man die Rosenbeete mit blaublühenden Duftpflanzen wie Lavendel oder Katzenminze. Begleitpflanzen für Rosen sind die verschiedensten Nelken, sind an den Rändern im Frühjahr Stiefmütterchen und Veilchen und Tulpen als Vorläufer vor dem Rosenflor. Zwischen Rosen sind blaublühende Glockenblumen schön, überhaupt ist Blau die ideale Begleitfarbe für die Rosen.

Pflanzung und Pflege

Rosen bleiben ihr Leben lang an einem Platz im Garten stehen. Sie bilden Pfahlwurzeln und lassen sich deshalb nicht umpflanzen.
Man setzt meist im zeitigen Frühjahr, aber auch schon im Herbst, muß aber dann gut abdecken, denn Rosen sind teilweise frostempfindlich, besonders die hochgezüchteten Sorten, und wenn sie frisch gepflanzt sind. Edelrosen werden aus alter Tradition oft noch im Frühjahr »auf 3 Augen« zurückgeschnitten. Die übrigen Beetrosen werden um etwa ⅓ in der Trieblänge eingekürzt, die Triebe oft auf die 5 stärksten ausgelichtet, Kletterrosen beschränkt man im Frühjahr beim Aufleiten auf etwa 3 starke Triebe. An Strauchrosen schneidet man möglichst gar nicht. Auch bei der übrigen Pflege, bei Düngen und Wässern, gilt: Je natürlicher die Wuchsform, um so weniger Arbeit machen die Pflanzen.
Beetrosen müssen in aller Regel früh genug, das heißt ehe ein Befall erkennbar ist, mit speziellen Rosenspritzmitteln gegen Sternrußtau und Mehltau, zwei Pilzerkrankungen, gespritzt werden. Sonst haben die Pflanzen mitten im Sommer keine Blätter mehr. Ob man gegen Blattläuse und andere Insekten spritzt, hängt vom Wetter und von der Einstellung dazu ab. Da darf man nachlässig sein.

Pfingstrose *Paeonia* — Abb. 44

Beetstaude, langlebig
60–80 cm hoch Blüte Mai/Juni

Allgemeines und Merkmale

Die heimische officinelle Pfingstrose war schon jahrhundertelang Gartenpflanze, als das Sortiment durch die Fülle der ostasiatischen Paeonien bereichert wurde. Obwohl diese *Paeonia sinensis (lactiflora)* etwas später blühen, wurde der deutsche Name beibehalten.
Die gefüllten, dunkelroten Sorten sind noch immer am beliebtesten, obgleich im Sortiment eine Fülle an rosa und weißen Sorten vorhanden ist, einfach, halbgefüllt, paeonienblütig oder gefüllt.
Pfingstrosen entwickeln sich nur langsam zu begeisternden, großen Büschen. Sie dürfen möglichst nicht mehr umgepflanzt werden. Das sollte man beim Pflanzen beachten und ihnen viel Platz in

voller Sonne geben. Wenn sie blühfaul sind, wurden sie sicher zu tief gesetzt. Die fleischigen Wurzeln sollen an die Erdoberfläche »anstoßen«.

Standortansprüche

Kräftigen, nährstoffreichen, lehmigen Boden in voller Sonne wünscht sich die Pfingstrose und dazu ausreichende Feuchtigkeit bei guter Drainage. *Paeonia officinale* ist kalkhold, während die chinesische Pfingstrose etwas saure Bodenreaktion liebt.

Arten und Sorten

Die Bauernpfingstrose gibt es einfach und gefüllt, jeweils in Rosa, Weiß und Rot.

Bei den Edelpfingstrosen seien einige bewährte Sorten genannt: »Sarah Bernhardt« – rosa, gefüllt, Schnittsorte, »Avalanche« – weiß mit gelbem Schein, gefüllt, spät, »Felix Crouse« – rot, gefüllt, mittelfrüh, »Holbein« – seidenrosa, einfach, »Hoffnung« – rosa, halbgefüllt, früh. (Abb. 44 zeigt die Sorte »Jonny«.)

Bei allen Sorten sind Blattaustrieb und Blattherbstfärbung weitere Höhepunkte in der Schönheit der Pflanze.

Benachbarung

Man setzt möglichst einzeln oder in kleinen Tuffs. Stauden-Pfingstrosen sind Leitstauden; es sind individuelle Pflanzen, die am liebsten für sich stehen. Gute Partner sind Kaiserkronen (Fritillaria imperialis) und Schwertlilien.

Pflanzung und Pflege

Staudenpaeonien pflanzt man Anfang September, nicht zu tief, die Wurzelkrone darf nur 5 cm mit Erde bedeckt sein. Man kann Staudenpfingstrosen 10–20 Jahre an einem Standort belassen – sie werden immer schöner. Regelmäßige Düngung mit Stallmist oder Kompost, Torf, Torfmischdünger, Rindenhumus ist wichtig. Mineralische Volldünger bitte vorsichtig verwenden (phosphor- und stickstoffbetont, 40–60 g/qm, im Frühsommer vor der Blüte). Bei Trockenheit und Hitze muß man durchdringend wässern.

Türkischer Staudenmohn *Papaver orientale* Abb. 45

Beetstaude, Freiflächen
100 cm hoch Blüte Mai/Juni

Allgemeines und Merkmale

Die in Rot-Variationen leuchtenden Mohnblüten unserer Gärten stammen meist vom Türkischen Staudenmohn. Am Grunde sind die Blüten schwarz gefleckt. Aber keine Sorge vor dem Mohnanbau – mit diesem »Türkischen« ist es nicht möglich, Opium zu erzeugen – das ist lediglich dem Schlafmohn, *Papaver somniferum*, einer einjährigen Pflanze, vorbehalten.

Standortansprüche

Der Türkische Mohn mag volle Sonne, und er braucht nährstoffreiche, durchlässige Böden, die ruhig einmal austrocknen können.

Arten und Sorten

Vom »Hohen Staudenmohn«, wie *Papaver orientale* auch genannt wird, gibt es viele Sorten; auch solche, die von der Staudensichtung mit dem Prädikat (xxx) bewertet wurden, zum Beispiel »Beauty of Livermere«, sehr groß, glühend dunkelrot, 100 cm hoch. Das Prädikat (xx) erhielten die Sorten »Catharina« (lachsrosa), »Feuerriese« (ziegelrot) und »Sturmfackel« (feurigrot). »Marcus Perry« wurde mit (x) bewertet und blüht orangescharlach.

Neben dem Hohen Gartenmohn gibt es niedrige, ausdauernde Mohnarten, zum Beispiel *Papaver alpinum*, 10 cm hoch, in den verschiedensten Farbmischungen für den Steingarten, und *P. nudicaule*, den Islandmohn, 30 cm hoch, mit den Sorten »Kardinal« (kardinalrot), »Gartenzwerg« (gelbe und rote Farbtöne) und »Golden Monarch« (gelb).

Benachbarung

Man setzt den Türkischen Mohn möglichst einzeln oder in kleinen Tuffs, dazu passen eventuell frühe Rittersporne oder Eremurus als ähnliche Leitstauden. Auch Lupinen sehen schön dazwischen aus.

Pflanzung und Pflege

Mohn ist infolge seiner Pfahlwurzel empfindlich gegen das Verpflanzen. Man setzt nach der Blüte, wenn die Pflanzen eingezogen haben, oder im zeitigen Frühjahr. Bei hohen Sorten muß man frühzeitig etwas stäben. Nach der Blüte schneidet man zurück und sorgt dafür, daß andere Pflanzen den Platz füllen: Herbstastern in der Nachbarschaft, die sich ausbreiten, oder Sommerblumen.

Staudenlupine *Lupinus polyphyllus* **Abb. 46**
Beetstaude ○
80 cm hoch Blüte Mai/Juni

Allgemeines und Merkmale
Aus dem westlichen Nordamerika wurde die heute allseits bekannte Pflanze 1893 nach Europa eingeführt. Infolge ihrer Vitalität ist sie hier verwildert; sie wächst zum Beispiel auf Bahndämmen, an Waldrändern und auf Kahlflächen. Mit Hilfe der Knöllchenbakterien, die in ihren Wurzeln leben, können Lupinen Stickstoff sammeln, sie sind also nicht auf besondere Düngung angewiesen. Eine der farbenprächtigsten Stauden, die auch in der Vase gut aussieht.

Standortansprüche
Die Kultur ist in jedem nicht frisch gedüngten Boden möglich, die volle Sonne ist aber notwendig. Am besten ist natürlich, wie bei den meisten Beetstauden, ein tiefgründiger, durchlässiger Boden.

Arten und Sorten
Eine sehr artenreiche Gattung, aber gärtnerisch von Bedeutung sind neben *Lupinus polyphyllus* nur noch die Rusell-Lupinen, die durch Einkreuzung von *L. perennis* und *L. arboreus* entstanden sind. Sie sind besonders farbenfreudig, sehr großblumig, und sie besitzen kräftige, lange haltbare Blütenkerzen. Diese mit *Lupinus x hybridus* benannte Art verfügt über interessante Sorten. So »Mein Schloß«, ziegelrot, »Kastellan«, blau und weiß, »Kronleuchter«, gelb.

Benachbarung
Die Lupinen sind sowohl in kleinen Trupps von 3–10 Pflanzen schön als auch in Massen wirkungsvoll. Gute Nachbarn sind Türkischer Mohn, große Schwertlilien, Zierlauch und Gräser.

Pflanzung und Pflege
Man setzt zur Staudenpflanzzeit im Herbst oder im zeitigen Frühjahr; die Pflanzen müssen fest angedrückt werden. Nach der Blüte sollte man sofort zurückschneiden. Die Stauden treiben dann frisch aus und wirken auf dem Beet nicht unordentlich. In kalkreichem Boden sind Lupinen nur kurzlebig.

Schleifenblume *Iberis sempervirens* **Abb. 60**
Niederliegender Zwergstrauch, Steinanlagen
30 cm hoch Blüte April–Juni, oft auch September ○

Allgemeines und Merkmale
Dieser kleine Zwergstrauch, in schneeigem Weiß erstrahlend, gehört mit zur schönen Vorsommerflora. Das Laub ist dunkel- und immergrün, der Wuchs dichtbuschig, niederliegend und rasenbildend.
Standortansprüche
Schleifenblumen wachsen am besten auf durchlässigem Boden, der sandig-humos und kalkreich sein sollte. Volle Sonne ist wichtig, sonst wintern die Pflanzen aus. Iberis macht sich gut in Troggärten.
Arten und Sorten
Von der Gattung Iberis existieren in den Mittelmeerländern 30–40 Arten; gartenwichtig ist bei uns neben *I. sempervirens* die kleine *Iberis saxatilis* (Abb. 60), Sorten von *I. sempervirens* sind »Findel«, starkwüchsig mit großen Blüten, »Schneeflocke«, etwas höher, und »Zwergschneeflocke«, nur 15 cm hoch. Die Blütenfarbe ist bei allen Sorten weiß.
Benachbarung
Schleifenblumen wirken schön in Steinanlagen, aber auch am Rand der Staudenrabatte und als Einfassungspflanze. Im Steingarten zusammen mit *Alyssum, Aubrieta, Phlox subulata.* Auf dem Staudenbeet mit Hornveilchen und Sonnenröschen.
Pflanzung und Pflege
Man setzt im Frühherbst oder Vorfrühling, nicht zu eng; eine Pflanze erreicht in 5 Jahren den Umfang eines halben Quadratmeters. Wenn Schleifenblumen als Einfassung gezogen werden, dann nach dem Verblühen mit der Heckenschere um ein Drittel zurückschneiden, daß sie schön buschig bleiben.

Blaukissen *Aubrieta x cultorum* **Abb. 61**
Steingartenstaude, niedrige, kriechende Polsterpflanze
10 cm hoch Blüte April/Juni ○

Allgemeines und Merkmale
Das Laub dieser bekannten Polsterstaude verschwindet im Frühjahr unter den leuchtend-violetten Blütenmassen. Die Blätter sind klein, behaart und wintergrün.
Standortansprüche
Alle Aubretien wollen Sonne und einen kalkhaltigen, durchlässigen, warmen Boden. Sie wachsen auch gut in Trögen.
Arten und Sorten
Es existieren etwa ein Dutzend Arten, die in den Gebirgen des Mittelmeerraumes von Sizilien bis Persien zu Hause sind. Die reinen Arten sind für unsere Gärten nicht mehr von Bedeutung, die aus vielen Kreuzungen entstandene Hybride *A. x cultorum* verfügt über einige schöne Sorten. So »Dr. Mules«, dunkelviolett, oder »Blue Emperor« (xx), dunkelviolettblau, oder »Schloß Eckberg« (xxx), dunkelviolett, »Tauricola« (xx), wüchsig und reichblütig.
Benachbarung
In Steinanlagen, Steinfugen und auf Mauerkronen, auch als Einfassungspflanze – da überall ist das Blaukissen die wirkungsvollste Polsterstaude. Zusammen mit Alyssum, Aster alpinus, Hornkraut, Schleifenblume, Zwergiris und Polsterphlox.
Pflanzung und Pflege
Man setzt im Herbst oder im Frühjahr. Dann braucht man sich nur noch an der reichen Blüte im Frühjahr und einer gelegentlichen Nachblüte im Herbst zu freuen – und gelegentlich einmal etwas regulierend eingreifen, wenn die Polster zu groß werden.

Felsensteinkraut *Alyssum saxatile* Abb. 62
Steingartenstaude
20–30 cm hoch Blüte April/Juni ○

Allgemeines und Merkmale
Eine ausgezeichnete Steingartenstaude mit gelben Blüten von großer Leuchtkraft. Die Blätter sind spatelförmig und grau-weichfilzig.
Standortansprüche
Steinkräuter wachsen am besten in Steinanlagen und in Steinfugen, auch auf Mauerkronen. Volle Sonne ist notwendig. Der Boden

sollte auf jeden Fall gut durchlässig sein. Die Pflanze ist auch für Tröge geeignet.

Arten und Sorten

Die Steinkräuter sind in Mittel- und Südeuropa zu Hause. Für den Garten wichtig ist neben dem Felsensteinkraut das Bergsteinkraut *Alyssum montanum,* das etwas niedriger ist. *Alyssum argenteum* besitzt hellgelbe Blüten, die im Sommer erscheinen, und silbergraue Polster. Von *A. saxatile* seien die Sorten »Compactum« mit sehr gedrungenem Wuchs, »Citrinum« mit hellgelben Blüten und »Plenum«, die gefüllt blüht, erwähnt.

Benachbarung

In kleinen Trupps von 3–10 Pflanzen zusammen mit Blaukissen, Gänsekresse und Teppichphlox in Steingärten und Steinanlagen.

Pflanzung und Pflege

Man setzt zur Staudenpflanzzeit im Frühjahr oder im Herbst. Nach einigen Jahren wird die Pflanze nässeempfindlich; deshalb schneidet man die alten Triebe am besten zurück.

Steinbrech *Saxifraga-Arten* — Abb. 47

Steingartenstauden, Niedrige Kleinstauden
bis zu 20 oder 30 cm hoch Blüte Mai/Juni

Allgemeines und Merkmale

Saxifraga ist eine außerordentlich vielgestaltige Gattung. Ca. 300 Arten gehören dazu, die in den Gebirgen oder polnahen Gebieten zu Hause sind. In den Gebirgen wie in der Arktis finden wir sie manchmal noch an der Grenze des ewigen Schnees. Die meisten Arten blühen weiß, wenige gelb oder rosa, und vereinzelt finden wir rote Blüten. Steinbreche sind mit unsere wertvollsten Steingartenpflanzen. Sie zieren nicht nur während der Blütezeit. Ihre wunderschönen Rosettenpolster, die zum Teil immergrün sind, bilden auch im Winter (besonders bei Rauhreif) eine Augenweide. Die Polster sind kleinblättrig, teils moosartig, teils hartkrustig. Manche Arten bilden Rosetten (so zum Beispiel das Porzellanblümchen), und es gibt auch krautig beblätterte Kleinstauden unter dieser Gattung.

Standortansprüche

So verschieden wie die Arten und die Herkunft, so verschieden die

Standortansprüche. Das reicht von schutt- und steinhaltigen Böden voller Sonne bis zu mullreichen Gründen im Gehölzschatten; ja, manche Arten lieben die Nähe des Wassers. Viele sehen in Trögen gut aus.

Arten und Sorten

Die Steinbreche sind wie die Himmelschlüssel, die Schwertlilien, die Pfingstrosen und die Rosen eine Wissenschaft für sich, und der Spezialliebhaber wird gut daran tun, sich die geeignete Spezial-Literatur anzuschaffen.

Bei den Saxifragen gibt es botanisch zahlreiche Sektionen, die die so vielgestaltige Gattung nach botanischen Merkmalen und Ansprüchen einteilen. Auch die Züchter haben sich dieser Gattung bemächtigt und zahlreiche hübsche Sorten hervorgebracht. Es würde ein eigenes Buch füllen, auf alle diese Gegebenheiten einzugehen. Die im Bild gezeigte *Saxifraga arendsii* ist eine durch Kreuzung entstandene Hybride mit moosartigen Polstern und hübschen, zahlreichen, dunkelroten, rosa und weißen Blüten.

Benachbarung

So vielgestaltig wie die Gattung, so vielgestaltig sind die Möglichkeiten der Benachbarung. Der Moossteinbrech *(S. arendsii)* wächst gut im Steingarten zusammen mit den übrigen Steingartenpflanzen, auch als Beeteinfassung ist er schön.

Pflanzung und Pflege

Man setzt zur Staudenpflanzzeit im Herbst oder im Frühjahr. Die Pflegeansprüche sind so vielgestaltig, daß Sie am besten Spezialliteratur zu Rate ziehen. Moossteinbrech benötigt keine besonderen Pflegemaßnahmen.

Teppichphlox — Abb. 63

Phlox douglasii und Phlox subulata

Steingartenstauden, kriechende Polsterpflanzen ○

10 cm hoch Blüte April/Juni

Allgemeines und Merkmale

Neben der hohen »Flammenblume« ist der niedrige, kriechende Steingartenphlox vielleicht nicht so bekannt. Und doch ist der herrliche, rasenartige Wuchs, sind die immergrünen Blätter und die

Blütenfarbe, die von Rosa über Lila bis in das reine Weiß variiert, eine wunderschöne Bereicherung für unseren Steingarten; ja, die Pflanzen können auch als Rasenersatz dienen. Die Blütezeit schließt an das Blaukissen an.

Standortansprüche

Am besten kalkhaltige Böden, die sandig, steinreich oder auch lehmig sein können; volle Sonne ist immer vonnöten. Phloxe wachsen auf Mauerkronen und in Fugen, aber auch in Trögen.

Arten und Sorten

Die beiden Teppichphloxe stammen aus Nordamerika, eine gute Sorte von *P. douglasii* ist »Georg Arends« (xx), rosalila, aber auch die im Bild gezeigten Sorten sind attraktiv. Schöne *P. subulata* sind »Moerheimii«, dunkelrot, *»Atropurpurea«* (xx), das ist die dunkelroteste Sorte, und »G. F. Wilson« (xx), schieferblau.

Benachbarung

In Trupps und größeren Gruppen zusammen mit den übrigen Steingartenpflanzen wie Blaukissen, Schleifenblume, Felsensteinkraut und Steinbrech.

Pflanzung und Pflege

Man setzt zur Staudenpflanzzeit, besondere Pflegemaßnahmen sind nicht erforderlich.

Südosteuropäischer, stengelloser Enzian — Abb. 48

Gentiana dinarica

Steingartenstaude, polsterbildend
5–10 cm hoch Blüte Mai/Juni ○

Allgemeines und Merkmale

Die Gattung Gentiana ist äußerst vielgestaltig. Wir wollen uns aber nur mit den stengellosen Enzianen befassen, die große, dunkelazurblaue, glockenförmige Blüten besitzen, und von denen unsere Gebirgs-Volkslieder immer singen. Enziane sind die Edelsteine unserer Gärten. Einige Blüten mit anderen Alpenblumen in eine Schale gesteckt, wirken als Tischdekoration zauberhaft.

Standortansprüche

Die kleinen Enziane wachsen in der freien Natur auf Felsmatten, die zum Teil von Wasser überrieselt sind; diese Verhältnisse müssen wir nachahmen. Wir wählen für diese Pflanzen also kalkhaltige, lehmig-humose Böden, die feucht sind. Volle Sonne ist wichtig. In Schalen und Steintrögen wirken die niedrigen Enziane gut.

Arten und Sorten

Gentiana acaulis mit der Urgesteinsform *G. clusii* und der Kalkform *G. kochiana,* der etwas später blühende polsterbildende *G. dinarica* aus Jugoslawien, und der zauberhaft in der Blüte gezeichnete herbstblühende *G. farreri* sind die wesentlichsten Arten. Die kleinblütigen *G. verna* und *G. bavarica* eignen sich nur für Liebhaber. Wildgesammelte Pflanzen wachsen im Garten nicht weiter.

Benachbarung

Zusammen mit schwachwüchsigen Pflanzen, die ähnliche Standorte lieben wie Steinbrech, Edelweiß, Aurikel, Grasnelken.

Pflanzung und Pflege

Pflanzen aus Gärtnereien sind widerstandsfähig. Man pflanzt sie im Herbst oder Frühjahr aus Töpfen auf den zusagenden Standort und kann sich dann ohne viele Pflegeaufwendungen der herrlichen Blüten erfreuen.

Polsternelke, Steinnelke *Dianthus caesius (gratianopolitanus)* Abb. 49

Niedrige Kleinstaude

15 cm hoch Blüte Juni/August

Allgemeines und Merkmale

Eine reizende, dankbare Gartenpflanze mit graugrünen Polstern und rosa duftenden Blüten.

Standortansprüche

Steinnelken wollen in kalkhaltigem Boden, der sandig-lehmig und durchlässig ist, wachsen. Grasige, trockene Plätze in voller Sonne, das lieben diese Blumen. Also: Steingarten, Mauerkronen, Trokkenmauer.

Arten und Sorten

Die Heimat dieser Nelken ist West- und Mitteleuropa, Italien. Duftende Kostbarkeiten unserer Gärten – so möchte man diese Pflanzen nennen. *Dianthus deltoides* und *D. plumarius* sind ähnliche Kleinstauden-Nelken. Sorten von *D. caesius* sind »Nordstjernen« (xx) mit stahlblauen, festen Polstern und rosa Blüten, »Fanal« mit auffallend roten Blüten.

Benachbarung

Zusammen mit anderen Steingartenpflanzen oder Schleierkraut.

Pflanzung und Pflege

Man pflanzt im Herbst oder im Frühjahr aus Töpfen. Nur die neuen Zuchtsorten sprechen auf Düngung positiv an, und zwar am besten auf aufgelösten Volldünger. Die Blüten werden farbenfroher, wenn man die Pflanzen mager hält.

Maiblumenstrauch *Deutzia gracilis* Abb. 50

Niedriger Strauch, sommergrünes Laubgehölz

50–100 cm hoch Blüte Mai/Juni ○

Allgemeines und Merkmale

Die Gattung ist nach dem Holländer van der Deutz benannt; es sind kleine bis mittelgroße Sträucher mit entzückenden weißen bis rosa Blüten. *D. gracilis* ist die kleinste und zierlichste Vertreterin dieser Gattung.

Standortansprüche

Deutzien gedeihen in jedem Gartenboden; sie verlangen aber während der Blütezeit genügend Feuchtigkeit, weil sie leicht welken.

Arten und Sorten

Die Gattung umfaßt ca. 50 Arten, die alle in China und Japan zu Hause sind. Die zahlreichen, in Mitteleuropa angepflanzten Kulturformen wurden hauptsächlich von dem Franzosen Lemoine in Nancy gezüchtet. Da sind die *Deutzia crenata (scabra)*-Formen, *D. x magnifica* und *D. x rosea,* um nur einige wichtigere zu nennen. Deutzien werden oft mit Weigelien vergesellschaftet, zu denen die lockeren Blütensträuße der Deutzien auflockernd wirken.

Benachbarung

Deutzien eignen sich für Grenzpflanzungen, gemischte Strauchrabatten und freiwachsende Hecken. *D. gracilis* kann auch als Gerüststrauch in einer Staudenrabatte dienen.

Pflanzung und Pflege

Man setzt im Herbst oder im zeitigen Frühjahr, ein öfteres Aus-

Abb. 53: Felsenbirne Amelanchier (laevis) Beschreibung S. 53

Abb. 54: Japanische Zierquitte (Scheinquitte) Chaenomeles sanguinea »Semiplena« Beschreibung S. 55

Frühling und Vorsommer

Abb. 55: Alpenrose »Amoenum« Beschreibung S. 56

Abb. 56: Hornveilchen Viola cornuta Beschreibung S. 60

Abb. 57: Kriechende Nelkenwurz (Teufelsbart) Geum reptans Beschreibung S. 62

Abb. 58: Gemswurz (gelbe Frühlingsmargerite) Doronicum caucasicum Beschreibung S. 63

Abb. 59: Gold-Wolfsmilch
Euphorbia epithymoides (polychroma)
Beschreibung S. 65

Abb. 60: Schleifenblume
Iberis saxatilis
Beschreibung S. 74

Frühling und Vorsommer

Abb. 61: Blaukissen
Aubrieta × cultorum
Beschreibung S. 74

Abb. 62: Felsensteinkraut
Alyssum saxatile
Beschreibung S. 75

Abb. 63: Teppichphlox
Phlox douglasii »Rose Queen«
Beschreibung S. 77

Abb. 64: Goldregen
Laburnum × watereri »Vossii«
Beschreibung S. 81

Abb. 65: Gelbe Schafgarbe
Achillea filipendulina »Neugold«
Beschreibung S. 84

Abb. 66: Sonnenblume
Helianthus decapetalus »Morgensonne«
Beschreibung S. 85

Hochsommer und Frühherbst

Abb. 67: Sonnenbraut
Helenium-Hybride »Waltraut«
Beschreibung S. 85

Abb. 68: Sonnenhut
Rudbeckia purpurea
Beschreibung S. 87

Abb. 69: Mädchenauge
Coreopsis verticillata
Beschreibung S. 88

Abb. 70: Lilien
Lilium hybrida »Schellenbaum«
Beschreibung S. 90

Hochsommer und Frühherbst

Abb. 71: Fackellilie
Kniphofia uvaria »Fyrwerkery«
Beschreibung S. 92

Abb. 72: Goldrute
Solidago hybrida »Goldwedel«
Beschreibung S. 93

lichten und Verjüngen ist bei älteren Pflanzen ir
Blühwilligkeit erforderlich. Dabei werden imm
Triebe am Boden entfernt.

Goldregen *Laburnum anagryoides* **Abb. 64**
Strauch, sommergrünes Laubgehölz
7–10 m hoch Blüte Mai/Juni

Allgemeines und Merkmale
Schon im 16. Jahrhundert wurde dieser herrliche, gelbblühende Strauch in Mitteleuropa angepflanzt; einige Arten duften. Leider ist der Strauch giftig, aber auch hart und industriefest.
Standortansprüche
In bezug auf den Boden ist der Goldregen anspruchslos; er liebt aber warme, sonnige Lagen.
Arten und Sorten
Im Mittelmeerraum sind drei Goldregenarten zu Hause, von denen zwei für unsere Gärten bedeutsam geworden sind: *Laburnum anagryoides* und *L. alpinum.* Daraus ist 1856 der Bastard *Laburnum x watereri* mit seiner Form »Vossii« mit 40–50 cm langen Blütentrauben entstanden. Er wird heute hauptsächlich in den Gärten angepflanzt (Abb. 64).
Benachbarung
Besonders schön sieht Goldregen aus zusammen mit gefülltem Rotdorn, Chinesischem Flieder und unterpflanzt mit Schwertlilien.
Pflanzung und Pflege
Man setzt im Herbst oder im Frühjahr; gegen starken Rückschnitt ist Goldregen sehr empfindlich. Auslichten verträgt er. Ältere Sträucher werden baumartig; an ihnen wirken die langen Blütentrauben besonders schön.

…sommer und Frühherbst: … bis September, von Maria Heimsuchung bis Kosmas und Damiani

Rittersporn *Delphinium x cultorum* **Abb. 51**
Beetstaude, Leitpflanze
bis 170 cm hoch Blüte Juli/August, Nachblüte: September

Allgemeines und Merkmale
Ein unersetzlicher blauer Farbspender im sommerlichen Garten! Es gibt aber auch weiße und sogar gelbe und rote Sorten; die amerikanischen Pacific-Hybriden haben es zu einer hohen Vollkommenheit gebracht.

Standortansprüche
Rittersporne wachsen in jedem guten Gartenboden in voller Sonne; es wird aber auch leichter Schatten vertragen.

Arten und Sorten
Delphinium x cultorum ist eine durch viele Kreuzungen entstandene Kulturform, an der viele Arten beteiligt sind. Es existiert die Belladonna-Gruppe, die reichverzweigt ist und nur eine Höhe von 100–140 cm erreicht. Eine herausragende Sorte ist hier »Völkerfriede« (xxx), leuchtend ultramarinblau. »Moerheimii« blüht weiß mit gelbweißem Auge und ist 120 cm hoch. Die hohen Edelrittersporne (Elatium-Gruppe) zeichnen sich durch höheren Wuchs aus und durch dichte, kerzenartige Blütenstände. Gute Sorten sind hier »Finsteraarhorn« (xx), dunkelblau mit dunklem Auge, »Alpenbote«, dunkel-enzianblau mit weißem Auge, »Tropennacht«, dunkel-enzianblau und purpur, weiße Mitte. Von der Pacific-Gruppe seien »Black Knight« (x), dunkelviolett mit Augen und »Galahad« (x), strahlend reinweiß, genannt (siehe Bild). Als Schnittblumen sind sämtliche Sorten geeignet.

Benachbarung
Auf der Staudenrabatte zusammen mit Sommermargeriten, Lilien, Hohem Phlox, Helenium und Rosen.

Pflanzung und Pflege

Man setzt im Herbst oder im Frühling; die Stauden können lange Jahre unverpflanzt stehenbleiben. Etwas Nachdüngung ist unbedingt nötig; während der Wachstumszeit sind durchdringende Wassergaben unbedingt erforderlich, außerdem müssen die Großstauden gegen Umknicken gesichert sein. Schneidet man die Blütentriebe gleich nach dem Verblühen auf 10 cm zurück, kann mit einer Nachblüte im September gerechnet werden.

Großer Staudenphlox, Flammenblume Abb. 52

Phlox paniculata

Beetstaude, Leitstaude

bis 140 cm hoch Blüte Juli/August

Allgemeines und Merkmale

Die Phloxe gehören seit langer Zeit zu unseren wichtigsten Gartenpflanzen. 1732 wurde der Hohe Phlox in Kultur genommen und hat seither einen ungeahnten Siegeszug durch die Gärten Mitteleuropas angetreten. Die Blütenfarbe reicht von Weiß bis Rahmweiß über alle Rosa-rot-lila-blau-Variationen bis zum tiefsten Dunkelrot.

Standortansprüche

Phloxe wachsen in nahrhaftem, durchlässigem, leicht feuchtem Gartenboden (mit Torfbeimengung) in sonniger Lage. Schwere Lehm- oder leichte Sandböden müssen mit Torf, Sand, Lehm, je nachdem, verbessert werden.

Arten und Sorten

Eine jahrhundertelange Arbeit der bedeutendsten Züchter steckt in dieser Art. Herausragende Sorten (von der Staudensichtung mit xxx bewertet) sind »Sternhimmel« (80–120 cm hoch, hellviolett, mittelfrüh), »Sommerfreude« (80 cm hoch, rosarot, früh-mittelfrüh). »Württembergia« ist 90–100 cm hoch, rosa und früh; es ist der Phlox, den man überall in den Bauerngärten sieht.

Benachbarung

Man kann Phlox-Gärten schaffen, indem man die Sortenvielfalt ausnutzt und Glockenblumen-Arten, Herbstastern, Gräser und Primeln zwischenpflanzt. Sonst auf sonnige, offene Rabatten als Leitstauden zu kleineren Pflanzen oder zusammen mit Rittersporn und dessen Blühpartnern.

Pflanzung und Pflege

Man setzt im Herbst oder im Frühjahr, bei Herbstpflanzung ist Winterschutz vonnöten. Wenn sich die Blätter verändern und verkrümmen, deutet das auf einen Schädling hin, der schwer zu bekämpfen ist. Man sollte dann die Pflanze sofort entfernen (nicht auf den Kompost), um die anderen zu retten. Auf diesen Platz setzt man einige Jahre keinen Staudenphlox mehr. Aber sonst ist die Pflanze willig und für jede Düngung im zeitigen Frühjahr dankbar.

Gelbe Schafgarbe *Achillea filipendulina* Abb. 65

Beetstaude, Leitstaude ○

120 cm hoch Blüte Juni/August

Allgemeines und Merkmale

Die Schafgarben machen keine Schwierigkeiten im Garten, und sie sind so schön! Als Staude, als Schnittblume, ja auch als Trockenblume sind sie wertvoll; ohne sie ist es kein »richtiger Garten«.

Standortansprüche

Diese Pflanzen wachsen in jedem Gartenboden; die Lage sollte vollsonnig sein.

Arten und Sorten

Es gibt ca. 100 Schafgarben-Arten in der gemäßigten Zone Europas. Allgemein bekannt ist ja die bei uns heimische *Achillea millefolium*, die Schafgarbe der Feldraine und Wiesen. *A. filipendulina* stammt aus dem Orient; die wichtigste und schönste Sorte ist »Parkers Varietät« (xx), daneben noch »Coronation Gold« (xxx) und »Schwefelblüte«, die beide viel niedriger sind. (Abb. 65 zeigt die Sorte »Neugold«.)

Benachbarung

Schafgarben sind typische Pflanzen der Staudenrabatte, die mit Rittersporn und Phlox, Margeriten und vor allem mit Staudenastern zusammenzusetzen sind.

Pflanzung und Pflege

Die Pflanze läßt sich gut kultivieren und leicht teilen. Da die Stiele sehr widerstandsfähig sind, sollten wenigstens einige zwischen Staudengräsern beim herbstlichen Abräumen im Garten verschont werden, so daß man sich im Winter an ihren Formen weiter erfreuen kann.

Sonnenblume *Helianthus-Arten* Abb. 66

Beetstaude, Leitstaude

120–180 cm hoch Blüte August/September ○

Allgemeines und Merkmale

Die Sonnenblumen – ein Symbol des Sommers und der Lebensfreude. Aber nicht die einjährigen Sonnenblumen meinen wir hier, die Öl und Vogelfutter liefern, sondern die Staudensonnenblumen, die in Nordafrika zu Hause sind. In unseren Gärten fungieren sie als Rabatten- oder Solitärpflanzen, ihre Schönheit als Schnittblume ist unbestritten. Und sogar als Bienenfutter tun sie sich hervor.

Standortansprüche

Sonnenblumen gedeihen in jedem kalkhaltigen, nahrhaften Boden, der nicht zu trocken sein sollte; die volle Sonne ist wichtig für die »Sonnen«-Blumen.

Arten und Sorten

Zu den bekanntesten Stauden-Sonnenblumen zählen die im Bild gezeigten *Helianthus decapetalus* und *Helianthus rigidus*. Von *H. decapetalus* ist eine gute Sorte »Capenoch Star« (xxx), groß, einfach, zitronengelb. »Morgensonne«, groß, einfach, mittelgelb, und »Soleil d'or«, gefüllt, reingelb. *H. rigidus* verfügt über unterirdische Ausläufer, die im Garten etwas lästig werden können. Gute Sorten sind »Praecox« und »Miß Mellish«.

Benachbarung

Zusammen mit Herbstastern und Rudbeckien (besonders *Rudbekkia purpurea*) auf Staudenrabatten oder vor dekorativen Laubgehölzen.

Pflanzung und Pflege

Man setzt im Frühjahr aus Töpfen. Arten mit kriechenden Ausläufern müssen mit Streifen aus Dachpappe im Boden beschränkt werden, will man keine große Ausbreitung haben. Sonnenblumen hungern nach Nährstoffen; die Düngung muß reichlich sein.

Sonnenbraut *Helenium-Hybriden* Abb. 67

Prachtstaude, Beetstaude

80–100 cm hoch Blüte von Juli bis Oktober ○

Allgemeines und Merkmale

Die Sonnenbräute gehören mit zu den schönsten und dankbarsten Prachtstauden. Sie machen im Sommer und Herbst unsere Rabatten zu einem wogenden gelb-braunen Blütenmeer, und sie halten sich gut in der Vase. Die Doldentrauben der Blüten variieren je nach Sorte von Gelb bis Rotbraun, die Körchenblüten halten sich lange. Die Blätter haben eine lanzettartige Form und stehen wechselständig. Eine gute Bienenfutterpflanze.

Standortansprüche

Helenium steht am besten auf Rabatten in nährstoffreichen, humosen Gartenböden, die nicht zu trocken sein dürfen. Volle Sonne ist für das Gedeihen notwendig.

Arten und Sorten

In Nordamerika gedeihen etwa 40 Arten dieser Gattung in freier Natur. Für unsere Gärten wichtig sind *Hel. bigelovii*, die im Juni blüht und große, lockere Blüten mit tiefgelben Strahlenblüten und schwarzer Mitte besitzt. *H. hoopesii*, deren Blütezeit ebenfalls Mai/Juni ist und deren Blütenstand sich lockerer aufbaut. Die Strahlenblüten hängen hier etwas, sie sind leuchtend goldgelb, auch die Scheibenblüten sind hier gelb. In den letzten Jahrzehnten sind viele Züchtungen in den Handel gekommen, die Helenium-Hybriden. Sie machen heute hauptsächlich unser Gartensortiment aus. Man teilt sie in 3 Gruppen ein, früh-, mittelfrüh- und spätblühend.
Frühblühend (Juli bis Mitte August):
»Moerheim Beauty« – kupferrot mit dunkler Mitte, xxx
»Waltraud« – kupfrigrot, gelb getönt, xxx
»Goldene Jugend« – goldgelb mit gelber Mitte, x
Mittelfrühblühend (Mitte August bis Ende September):
»Kanaria« – leuchtend goldgelb mit gelber Mitte, xx
»Goldlackzwerg« – samtig rotbraun mit brauner Zeichnung und brauner Mitte
»Rotkäppchen« – leuchtende rotbraune Blüten.
Spätblühend (Ende August bis Anfang Oktober):
»Baudirektor Linne« – samtigrot mit brauner Mitte, xxx
»Gartensonne« – goldgelb mit brauner Mitte
»Goldrausch« – goldgelb mit brauner Zeichnung und brauner Mitte.

Benachbarung

Zusammen mit Rittersporn, Phlox, Herbstaster, Goldrute, mit Lilien und Sonnenhut auf den Rabatten. Gut auch in Gruppen zusammen mit Gehölzen.

Pflanzung und Pflege
Man setzt im Herbst oder im Frühjahr zur Staudenpflanzzeit. Regelmäßige Düngung im Frühjahr erhält den Blütenreichtum. Werden die Pflanzen zu groß, kann man sie aufnehmen, teilen und auf anderem Platz neu pflanzen.

Sonnenhut *Rudbeckia-Arten* Abb. 68

Beetstaude, Prachtstaude
bis 200 cm hoch Blüte August/September ○

Allgemeines und Merkmale
Zu Ehren seines Lehrers Olaf Rudbeck hat der berühmte Botaniker Linné der Pflanze den Namen Rudbeckia gegeben. Neben einjährigen Arten, die wir hier vernachlässigen dürfen, umfaßt die Gattung Rudbeckia halbhohe bis hohe Stauden mit straffen Trieben und meist gelber Blütenfarbe. Die Blütenköpfe sind groß mit hochgewölbtem, kegelförmigem, meist schwarzbraunem Köpfchenboden. Daher der Name Sonnenhut.
Standortansprüche
Alle Arten sind in ihren Bodenansprüchen äußerst bescheiden; sie gedeihen in jedem guten Gartenboden. Volle Sonne sollte aber da sein.
Arten und Sorten
Am wertvollsten ist die Goldsturm-Rudbeckie – *Rudbeckia fulgida var. sullivantii* »Goldsturm« (xxx). Die Schönheit der 12 cm breiten, satt goldgelben Blüten wird nur noch von der Wüchsigkeit und Reichblütigkeit übertroffen. Sehr schön ist auch die weinrote *Rudbeckia purpurea* mit den Sorten »Abendsonne« oder »The King« (xx). Leider sind sie auf dem Beet nur wenige Jahre ausdauernd. Erwähnt werden soll noch *R. laciniata,* die bis 200 cm hoch wird, mit ihren goldenen Blütenhüllen. Sie ist der Blickpunkt jedes Gartens, in dem sie Zeit hatte, sich zu einer schönen Solitärstaude auszuwachsen. Es lassen sich da Blüten für viele Sträuße schneiden. Die Sorte »Goldquelle« (x) ist nur 70–80 cm hoch, »Goldball« ist ebenso zu empfehlen. Daneben steht noch *R. nitida,* bis 200 cm hoch mit goldgelben, hängenden Strahlenblüten und konischer, grauer Scheibe. Hier sei die Sorte »Herbstsonne« (xx) genannt.

Benachbarung
In ihrer Heimat Nordamerika stehen die Sonnenhüte auf feuchten Plätzen, am Rande von Teichen und Wasserläufen. Das kann (aber muß nicht) bei der Benachbarung berücksichtigt werden. Die Sorte »Goldsturm« zwischen Scabiosen, Herbstastern und Salvien. Die hohen Sonnenhüte am Zaun zwischen Stockrosen oder buntlaubigen Gehölzen. *R. laciniata* »Goldquelle« oder »Goldball« zwischen Sommerchrysanthemen, Rittersporn, Phlox und hohem, blaublühenden Ehrenpreis. *R. purpurea* zwischen *Eryngium* (Edeldistel), *Gypsophila* (Schleierkraut) und *Achillea* (Gelbe Schafgarbe).
Pflanzung und Pflege
Sämtliche Rudbeckien sind recht genügsam und widerstandsfähig. Sie brauchen keine den üblichen Rahmen übersteigende Pflege. Pflanzung zur Staudenpflanzzeit.

Mädchenauge *Coreopsis-Arten* Abb. 69

Beetstauden, Freiflächen
bis 80 cm hoch Blüte von Juni bis September ○

Allgemeines und Merkmale
Ein Sonnenkind ist auch das Mädchenauge, das im Verlauf der Evolution in den nordamerikanischen Prärien entstanden ist. Gelbblühend, mit überreichlichem, langanhaltendem Flor. Auch als Schnittblume mag man die Mädchenaugen.
Standortansprüche
Nährstoffreiche, sandig-humose Gartenböden sind wichtig, ebenso die volle Sonne.
Arten und Sorten
Für den Gärtner wichtig sind die folgenden Arten:
Coreopsis verticillata »Grandiflora« mit fast nadelförmigen Blättern und locker-aufrechtem Wuchs. Besonders schön auf Rabatten und in Steingärten, 40–60 cm hoch. *Coreopsis grandiflora* mit der Sorte »Badengold«, 60–80 cm hoch mit 9 cm großen, gelben Blüten. Hält sich, knospig geschnitten, bis zu 14 Tage im Wasser frisch.
Coreopsis lanceolata mit der Sorte »Sonnenkind«, zierlicher als *C. grandiflora,* Büsche 40 cm hoch, hellgoldgelbe Blüten.

Benachbarung
Mädchenaugen sind unermüdliche, wirkungsvolle Sommerblüher. Schön sehen sie aus auf Rabatten zusammen mit Sommerastern, Rittersporn, Kokardenblume *(Gaillardia)* und blauen Salvien *(Salvia nemorosa* »Ostfriesland«). *C. verticillata.* ist unerläßlich, um Ruhe zu schaffen zwischen sich ausdehnenden Großstauden, seien es zum Beispiel Lupinen oder Phlox.

Pflanzung und Pflege
Die sehr anspruchslosen und widerstandsfähigen Coreopsis benötigen keine besondere Pflege. Die sehr starkwüchsigen Arten sollten bei Bedarf geteilt und neu aufgepflanzt werden. Die großblütigen Coreopsis samen leicht aus. So wandern sie gern einmal durch den ganzen Garten.

Taglilie *Hemerocallis-Arten und Hybriden* Abb. 101

Beetstaude
bis 120 cm hoch Blüte Mai bis September

Allgemeines und Merkmale
Die Taglilien sind in Europa und Asien zu Hause; sie werden seit altersher in den Gärten Europas gezogen, sind zum Teil verwildert, und manchmal treffen wir zum Beispiel in Auwäldern große Flächen von Taglilien, die dort wachsen, als wären sie schon immer da. Es sind anspruchslose Stauden, deren sich in den letzten Jahrzehnten die amerikanische Züchtung angenommen hat. Herrliche Sorten sind entstanden, deren Farbspektrum von Gelb bis Rosa und Rot reicht. Die Einzelblüte hält nur einen Tag, doch im Verlauf mehrerer Wochen öffnen sich täglich neue Blüten. Manche Arten blühen nachmittags auf. Die Neuzüchtungen überraschen in Farbenspiel und Blütengröße, sie stellen aber auch an die Kultur höhere Ansprüche.

Standortansprüche
Die neuen Züchtungen brauchen nährstoffreichen, nicht zu trockenen Boden in voller Sonne. Wildarten, wenn sie nahe ans Wasser gepflanzt werden, sollten nicht naß stehen, das heißt, es sollte keine Staunässe vorhanden sein.

Arten und Sorten
Hemerocallis fulva stammt wahrscheinlich aus Ostasien; in Europa hat sie auf den ihr zusagenden Standorten fast den Charakter einer Wildpflanze angenommen. Im Garten trifft man gelegentlich *H. flava*. Sie hat reingelbe Blüten, die nach Orangenblüten duften. Die Form »Major« hat dunklere Blätter und größere Blüten. *Hem. citrina* hat hellgelbe, schmaltrichterförmige, längliche Blüten. Die Hybride »Baroni« ist *H. citrina* sehr ähnlich, ist aber reichblühender und hat breitere Blütenabschnitte.
Besonderes Entzücken rufen die neuen Gartenhybriden hervor; einige seien genannt, die in der Staudensichtung hohe Bewertungen erhalten haben.
»Atlas« – 100 cm hoch mit riesigen, hellgelben Blüten
»Shooting Star« – 100 cm hoch mit sehr großen, grünlichgelben Blüten
»Jake Rusell« – 90 cm hoch mit goldgelben Blüten
»War Eagle« – 60 cm hoch mit rotbraunen Blüten
»Luxury Lace« – 80 cm hoch mit lavendelrosa Blüten, deren Schlund grün ist
»Crimson Pirate« – 70 cm hoch mit leuchtendroten Blüten. Und jährlich kommen immer wieder interessante Züchtungen dazu.

Benachbarung
Am wirkungsvollsten sind Taglilien in Wassernähe zusammen mit Schwertlilien (besonders *Iris sibirica*), Blutweiderich, Wiesenraute, Dreimasterblume, Fackellilie und hohen Gräsern. Auch Trollblumen und Greiskraut wirken gut dazu.

Pflanzung und Pflege
Die Neuzüchtungen blühen bald. Die früheren Hemerocallis entfalten ihre volle Schönheit erst einige Jahre nach der Pflanzung; man sollte sie also nicht stören und möglichst wenig verpflanzen. Pflanzzeit vor oder besser nach der Blüte.

Lilien *Lilium-Arten und Hybriden* — **Abb. 70**

Beetstaude, Zwiebelpflanze
150 cm hoch Blüte Juni bis September ◐–●

Allgemeines und Merkmale
Lilien – ein Sinnbild der Reinheit, der Erhabenheit, der Größe – in

Religion, Kunst- und Kulturgeschichte ein nicht wegzudenkendes Symbol. Und eine der schönsten und interessantesten Pflanzengattungen, die uns die Natur auf dieser Erde beschert hat. Es gibt über 80 Arten und zahlreiche Formen und Hybriden; die Verbreitungszone erstreckt sich vom 30. bis zum 50. nördlichen Breitengrad. Die Farbskala der Blüten reicht fast über das gesamte Spektrum; eigentlich ist nur das reine Blau nicht vertreten. Es gibt Liebhabervereine, die sich besonders um diese Pflanzengattung bemühen. Lilien sind auch schöne Schnittblumen, und sie lassen sich im Gewächshaus treiben.

Standortansprüche

Sämtliche Lilienarten benötigen einen gut durchlässigen, mittelschweren, zum Teil auch humosen Boden. Die Bodenreaktion sollte bei *L. auratum*, *L. speciosum* und *L. hansonii* leicht sauer sein, die anderen Arten sind meist kalkhold, so *L. tigrinum, L. willmottiae, L. candidum,* die Madonnenlilie, und *L. martagon,* die Türkenbundlilie unserer Wälder. Der Standort sollte windgeschützt, absonnig, zumindest bodenbeschattet sein. Lilien sind auf ihren natürlichen Standorten teilweise Pflanzen der Bergwiesen, andere wieder der lichten Laubwälder. Diese Verhältnisse sollten wir ihnen im Garten schaffen, dann werden sie gut gedeihen.

Arten und Sorten

Jährlich erscheinen neue, prächtige Liliensorten auf dem Markt, die oft aus gewagten Kreuzungen hervorgehen und so die Gruppierung nach Sektionen immer mehr verwischen. Da ist der unvergleichliche »Schellenbaum«, die Sorten »Schützenkönig«, »Feuer und Rauch« (Feldmeier-Züchtungen), die neuen: »Saturn«, »Diskus«, »Connecticut Kings«. Daneben haben im ländlichen Garten die reinen Arten und ihre Verbesserungen weiter ihren Wert (und ich mag sie wegen ihrer Beständigkeit noch lieber). Türkenbundlilie *(L. martagon)*, Feuerlilie, Tigerlilie, Willmotts-Lilie, Madonnenlilie *(L. candidum)*. Nur die Goldbandlilien *(L. auratum)* sind in unserem Klima heikel.

Benachbarung

Man setzt zwischen oder vor Gehölzen zusammen mit der roten Schildblume, Rosen-Weiderich *(Lythrum virgatum)* und Purpur-Wasserdost *(Eupatorium purpureum)* und verschiedenen Gräsern, zum Beispiel *Deschampsia caespitosa* (Rasenschmiele). Zwischen Rhododendren sind Lilien besonders schön.

Pflanzung und Pflege

Die Zwiebeln legen Sie, je nach Größe, 5–20 cm tief in den Boden. Pudern Sie die wertvollen Zwiebeln mit Holzkohle ein und umgeben Sie sie im Boden mit Sand – so ist der Fäulnis vorgebeugt. Gegen Mäusefraß wirken kleinere Drahtkörbchen oder Blumenzwiebelkörbchen aus Kunststoff, die im Handel erhältlich sind. Gegen Insektenfraß geben Sie Themis in den Boden.

Während des Wachstums muß mit Volldünger nachgedüngt werden. Besonders im Austrieb sind Lilien durch Schneckenfraß gefährdet. Es helfen dagegen: Absammeln, Schneckenkorn, Aschenstreifen, Bierfallen, Containerkultur.

Fackellilie *Kniphofia-Arten und Hybriden* **Abb. 71**

Beetstaude, Freiflächen

120 cm hoch Blüte Juli bis Sept. ○

Allgemeines und Merkmale

Schöne, durch Kreuzungen entstandene Gartenformen sind es auch hauptsächlich bei der Fackellilie, die uns erfreuen. Die Ährentrauben der Blüte sind 15–30 cm lang, sie stehen frei über dem Laub, und sie blühen viele Sommerwochen lang gelb, gelbrot oder scharlachrot. Prachtvolle Blütenkolben erfreuen uns, die sich auch gut in der Vase halten.

Standortansprüche

Kniphofien wollen sandigen, mittelschweren, humosen Gartenboden, der schon viele Jahre Gartenpflanzen getragen hat, also altgedüngt ist. Dieser Boden sollte auch mäßig feucht, aber nicht naß sein. Warm, sonnig und geschützt müssen Kniphofien außerdem stehen.

Arten und Sorten

Die Fackellilien wachsen »wild« in Südafrika und Madagaskar, sie leben dort in Wassernähe. Unter Beteiligung von vielen Wildarten wurden die Gartenhybriden gezüchtet. »Royal Standard« hat die Staudensichtung mit x bewertet, die Sorte blüht gelb mit Scharlachrot, sie ist 100 cm hoch und die beste Schnittsorte. »Express« hat einen hell- bis dunkelorangen Blütenkolben, variiert in Lachs- und Karminrot. Die Sorte ist frosthart und frühblühend, 80 cm hoch. »Safranvogel« mit lachsrosa Blütenkolben ist 80 cm hoch. *Knipho-*

fia uvaria, eine reine Art, ist gärtnerisch sehr wichtig, und hier die Sorte »Grandiflora« mit sehr dichten, von Gelb in Rot übergehenden Blütenkolben. 120 cm hoch. (Abb. 71 zeigt die Sorte »Fyrwerkery«.)

Benachbarung

Zusammen mit Iris, Hemerocallis, zum Teil auch mit Lilien und hohen Gräsern am Wasserrand und über Polsterstauden.

Pflanzung und Pflege

Wir benötigen in unserem Klima für alle Arten und Hybriden Winterschutz, pflanzen deshalb am besten im Frühjahr, um das Auswintern der besonders empfindlichen, frischgepflanzten Setzlinge zu vermeiden. Winterschutz mit trockenem Torf oder Laub. Achtung: nicht in das Herz der Pflanze streuen, sondern mehr in die Umgebung, um die Wurzeln zu schützen. Die schilfähnlichen Blattbüschel aber nur ⅓ einkürzen, nicht ganz zurückschneiden. Laub und Torf ca. 30 cm hoch schütten, darüber Fichtenreiser zum Festhalten.

Goldrute *Solidago-Arten und Hybriden* Abb. 72

Beetstaude, Freiflächen

bis 180 cm hoch Blüte Juli bis September

Allgemeines und Merkmale

Ganz zu Unrecht werden die Goldruten leicht etwas mitleidig als Zigeuner angeschaut, nur weil sich Sämlinge älterer Sorten an Bahndämmen, Flußufern und Schuttplätzen ausbreiten. Wie die heimischen Chrysanthemen als »Wucherblumen« verschrien sind, wir aber nicht auf die zauberhaften Kulturformen verzichten möchten, so sollten wir uns auch bei den Goldruten um die neuen Sorten, ihren Charme und ihre Dauerhaftigkeit kümmern.

Standortansprüche

Nährstoffreiche Böden werden benötigt, um in jedem Jahr die umfangreichen Blatt- und Blütenmassen aufzubauen. Volle Sonne ist notwendig.

Arten und Sorten

Die Wildarten stammen aus Amerika. Die neuen Sorten sind nicht mehr meterhoch, sondern etwa 60 cm, gleichmäßig und gesittet. So die xxx-Sorte »Strahlenkrone« mit flachen, strahligen Blütenständen, 60 cm hoch. »Golden Shower« (xx), dunkelgelb mit schön geformten Blütenrispen, 80 cm hoch; »Goldenmosa« (xx), Rispen locker, intensiv zitronengelb, 70 cm hoch. Wertvolle Spätblüher für den Steingarten sind die Solidago cutleri-Formen »Robusta« (30 cm hoch) und »Pyramidalis« (50 cm hoch). (Abb. 72 zeigt die Sorte »Goldwedel«.) *S. shortii* und *S. virgaurea* eignen sich gut als Schnittblumen. Einige lassen sich als Immortellen trocknen.

Benachbarung

Auf Rabatten zusammen mit Herbstastern, Rittersporn, braunroten Helenium. Auch vor herbstfärbenden Gehölzen schön. Neutralisiert zu laute Farbklänge sehr gut, zum Beispiel zwischen Dahlien und Gladiolen.

Pflanzung und Pflege

Pflanzung zur Staudenpflanzzeit, Pflege wie alle Beetstauden.

Kreuzkraut *Ligularia-Arten* Abb. 77

Beetstaude, feuchtigkeitsliebend

bis 180 cm hoch Blüte Juli/Sept.

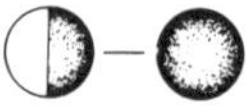

Allgemeines und Merkmale

Nur einige wenige botanische Merkmale trennen die Gattungen Ligularia und Senecio, also Kreuz- und Greiskraut. Beim Kreuzkraut sind die Blütenstände gelb bis orange, sie leuchten weit hinaus aus dem Gehölzschatten, wo die Pflanzen stehen.

Standortansprüche

Ein feuchter Standort ist unbedingt notwendig; der Boden muß Humus und Lehm enthalten, ja, er kann sogar moorig sein. Auf trockenem, sandigem Boden schlappen die dekorativen Blätter an heißen Tagen.

Arten und Sorten

In Ostasien, dem Hauptverbreitungsgebiet, leben ca. 80 Arten der Gattung; wir haben für unsere Gärten folgende Arten zur Verfügung: *Ligularia clivorum (dentata)* mit großen, rundlichen Blättern und 8–10 cm großen Blüten. Schöne Sorten sind »Desdemona« und »Orange Queen«. *Ligularia x hessei* = große, herzförmige Blätter und kolbenartige Blütenstände (Abb. 77). Die Hybride blüht einige Tage früher als *L. clivorum.* Schön ist die Sorte »Gregynog Gold«. *Ligularia przewalskyi* hat tief handförmig ausgebuchtete Blätter und dichte, ährenrispige Blütenstände.

Benachbarung

Zusammen mit Mädesüß, Taglilie und Iris am Wasserrand oder vor und zwischen Gehölzen. Auch Einzelstellung ist möglich. Reizvoll ist der Kontrast der großen Blätter zu allen schwertförmigen Belaubungen.

Pflanzung und Pflege

Pflanzung zur Staudenpflanzzeit auf den feuchten Standorten. Die Arten müssen vor Schnecken geschützt werden; stehen sie auf dem Beet, muß man im Sommer öfter wässern.

Telekie *Telekia speciosa* — Abb. 74

Wildstaude

200 cm hoch Blüte Juli/August

Allgemeines und Merkmale

Eine sehr dekorative Staude mit feinstrahligen, gelben Blütenköpfen, die sich auf halbschattigen Plätzen sehr zum Verwildern eignet. Die aus dem Südosten stammende Gattung hat sich bei uns schon an den Waldrändern selbständig gemacht.

Standortansprüche

Der Pflanze ist jeder Gartenboden recht; sie mag vor allen Dingen die halbschattige Lage.

Arten und Sorten

Bei uns in Mitteleuropa ist nur eine Art eingeführt; Sorten davon sind noch nicht gezüchtet.

Benachbarung

Zusammen mit Buschmalve *(Lavatera)* an Gehölzrändern. Eine Pflanze für Gartenecken, in die man schlecht zum Pflegen kommt.

Pflanzung und Pflege

Die Gattung ist robust, Pflanzung zur Staudenpflanzzeit; dann kann man die Telekien verwildern lassen.

Alant *Inula-Arten* — Abb. 75

Wildstaude

bis 200 cm hoch Blüte Juli/August

Allgemeines und Merkmale
Zahlreiche Strahlenblüten umkränzen die Körbchenblumen, die in Doldentrauben stehen. Die Alante sind wertvolle Wildstauden, die große Trockenheit ertragen, die von 10 cm bis 200 cm groß sind, die sich also für den Steingarten ebenso eignen wie für Rabatte und Freifläche. Bienenfutterpflanze.
Standortansprüche
Dem Alant ist jeder kräftige Gartenboden lieb, der nährstoffreich und durchlässig ist. Volle Sonne ist wichtig.
Arten und Sorten
Für den Steingarten eignen sich *Inula acaulis* (5–10 cm hoch) und Inula ensifolia »Compacta« (20 cm hoch). *Inula helenium*, der allgemein bekannte Alant, ist in Mitteleuropa ein Gartenflüchtling (die Heimat ist Zentralasien). Die Wurzel dient als Heilpflanze. Alant wird bis 200 cm hoch; leider verblüht er schnell, eine Wildstaude. Schöner ist *I. magnifica*, bis 150 cm hoch, mit locker stehenden Strahlenblüten. *I. orientalis* wird 50–60 cm hoch, die Blütenköpfe bis zu 9 cm groß, und *I. hookeri* wird 60–100 cm hoch, eine buschig wachsende Art (Abb. 75).
Benachbarung
Die kleinen Arten zusammen mit den bekannten Steingartenpflanzen, die großen vor dunkelgrünen Nadelgehölzen zusammen mit Buschmalven *(Lavatera)* und Geißbart.
Pflanzung und Pflege
Die unempfindlichen Pflanzen setzt man zur Staudenpflanzzeit. Bis zum Einwachsen ist der Boden freizuhalten. Das Verwildern ist für den Alant gerade recht.

Dahlien und Georginen *Dahlia variabilis*

Abb. 73 u. 76

Knollenpflanze, Beetpflanze
200 cm und höher Blüte Juli/Sept.

○

Allgemeines und Merkmale
Die Dahlien entfalten in den Gärten Mitteleuropas ihr herrliches Farbenspiel, seit sie Ende des 18. Jahrhunderts hier eingeführt wurden. Dahlien sind Knollenpflanzen, das heißt, es handelt sich botanisch um »knollig verdickte, spindelförmige, fleischige, gebüschelte

Abb. 73: Dahlie
Dahlia variabilis (Abb.: Kaktusdahlie »Pipers Pink«)
Beschreibung S. 96

Abb. 74: Telekie
Telekia speciosa
Beschreibung S. 95

Hochsommer und Frühherbst

Abb. 75: Alant
Inula hookeri
Beschreibung S. 95–96

Abb. 76: Dahlie
Dahlia variabilis
(Abb.: Schmuckdahlie »Duett«)
Beschreibung S. 96

Abb. 77: Kreuzkraut
Ligularia × hessei
Beschreibung S. 94

Abb. 78: Palmlilie
Yucca filamentosa »Rosenglocke«
Beschreibung S. 98

Hochsommer und Frühherbst

Abb. 79: Niedriger Knöterich
Polygonum affine »Donald Lowndes«
Beschreibung S. 99

Abb. 80: Waldrebe
Clematis (Abb.: Großblumige Hybride)
Beschreibung S. 99–100

Abb. 81: Karpathenglockenblume
Campanula carpatica
Beschreibung S. 100–101

Abb. 82: Indianernessel
Monarda didyma
Beschreibung S. 101

Hochsommer und Frühherbst

Abb. 83: Edeldistel
Eryngium alpinum
Beschreibung S. 102

Abb. 84: Fetthenne
Sedum telephium »Herbstfreude«
Beschreibung S. 103

Abb. 85: Prachtspiere
Astilbe arendsii »Glut«
Beschreibung S. 104

Abb. 86: Schneeballhortensie
Hydrangea arborescens »Grandiflora«
Beschreibung S. 105

Hochsommer und Frühherbst

Abb. 87: Heddewigs-Nelken
Dianthus chinensis var. heddewigii
»Herzkönigin«
Beschreibung S. 108

Abb. 88: Mittagsgold
Gazania hybrida »Grünauge«
Beschreibung S. 109

Wurzeln«. Sie sind nicht winterhart, der Artname *»variabilis«* deutet schon die Vielfalt der Blütenformen und -farben an.

Standortansprüche

Die Bodenansprüche sind nicht hoch; es genügt ein guter Gartenboden. Natürlich ist ein tiefgründiger, lehmig-sandiger Boden, der schon lange Zeit Kulturpflanzen getragen hat, und dessen Nährstoff- und Humusgehalt groß ist, ideal. Stauende Nässe sollte nicht auftreten, auch ist die volle Sonne wichtig.

Arten und Sorten

Die Pflanze stammt aus Mexico. Zu Ehren des schwedischen Botanikers Dahl erhielt sie ihren Namen. Dahlien sind in ihrer Heimat seit langem kultivierte Gartenpflanzen.

Gärtnerisch wichtig ist für uns nur Dahlia variabilis. Die außerordentliche Variabilität der Kulturform hat zu einem lawinenhaften Anschwellen der Sorten geführt. Wir teilen heute ein in 1.) Einfache Dahlien (niedrig-mittel-hoch), 2.) Halbgefüllte Dahlien (Duplex-Halskrausen) und 3.) Gefüllte Dahlien (Kaktus-Kaktushybrid-Schmuck-Ball-Pompon).

Benachbarung

Die großen Schmuckdahlien brauchen genügend Platz um sich herum. Deshalb stehen sie für den Blumenschnitt am besten auf einem Beet für sich allein, extra gestäbt, gewässert und gedüngt.

Mittelhohe Sorten stehen auch gern als Beetstaude auf Rabatten in voller Sonne, zusammen mit Delphinium, Phlox, Helenium. Die ganz niedrigen Kissendahlien werden wie Sommerblumen ausgesät und gepflanzt.

Pflanzung und Pflege

Man pflanzt ab Mitte Mai, Dahlien sind frostempfindlich. Aus diesem Grunde müssen nach den ersten Herbstfrösten, wenn die oberirdischen Teile glasig werden, die Knollenwurzeln aus dem Boden genommen werden. Man läßt sie abtrocknen, schüttelt anhaftende Erde ab und überwintert trocken, luftig und frostfrei ab 4–5° C. Wenn Sie die Knollen im Frühling im Blumentopf am Fenster antreiben lassen und schon vorgetrieben auspflanzen, verfrüht sich die Blüte ganz erheblich. Große Sorten benötigen auf dem Beet Stützen. Ausreichend Nährstoffe zur Erzeugung der großen Blatt- und Blütenmasse müssen immer vorhanden sein.

Palmlilie *Yucca filamentosa* **Abb. 78**
Solitärstaude, immergrün
50–150 cm hoch Blüte Juli/August ○

Allgemeines und Merkmale
Eine Pflanze, die schon vom Wuchs und Aussehen her an den sonnigen Süden, an Urlaubsfreuden erinnert, das ist die Yucca. Auch bei uns wächst die Palmlilie vor allen Dingen auf warmen Plätzen, die geschützt sind. Die weißen Blütenrispen leben von Sonne und Wärme.
Standortansprüche
Die Sonne ist lebenswichtig für diese Pflanze, ebenso muß sich der Boden (am besten ein Südhang) leicht und gut erwärmen. Er sollte kalkhaltig und durchlässig, ja, er kann steinig sein.
Arten und Sorten
Die Palmlilie stammt aus Mittelamerika; dort leben ca. 20 Arten, nur wenige sind winterhart; so die bei uns am weitesten verbreitete Yucca filamentosa. Davon gibt es auch Sorten, zum Beispiel »Elegantissima« (größere Blütenrispen), »Rosenglocke (leicht rosa Tönung der Blüten, Abb. 78), »Schneetanne« (Blütenfarbe gelblichgrün). *Yucca glauca* ist niedriger als *Y. filamentosa*, die Blätter sind graugrün mit weißem Rand, die Blüten grünlichweiß.
Benachbarung
Palmlilien sehen schön aus in naturnahen Gärten zusammen mit Dickblattgewächsen und Gräsern am trockenen Hang, aber auch als Solitärstaude wirken sie gut. Sie stehen schön auf Terrassen und Böschungen, auf Dachgärten und in Trögen, in Verbindung mit Steinen, Stufen und Platten. Man setzt dazu Fetthennen, Sandthymian, Stachelnüßchen *(Acaena)*, Wolligen Ziest, Junkerlilie *(Asphodeline)*, Edeldistel und Feigenkaktus *(Opuntia)*.
Pflanzung und Pflege
Man setzt im Frühjahr die in Töpfen vorgezogenen Pflanzen. Nur im Weinklima kommen die Palmlilien ohne trockenen Winterschutz aus.

Niedriger Knöterich *Polygonum affine* Abb. 79

Steingartenstaude
bis 30 cm hoch Blüte August/Okt.

Allgemeines und Merkmale
Hier haben wir wieder eine Pflanze, die im Steingarten und auf Steinflächen richtige Rasen bildet, daraus dann im Frühjahr die Blumenzwiebeln emporwachsen können. Die Blütenstände sind dichte Ähren, rosa bis tiefrot, die überreich erscheinen, und die man auch als Schnittblumen nutzen kann. Wichtig ist, daß die Pflanze erst im Sommer blüht, wenn die anderen Polsterstauden nur noch grün sind.
Standortansprüche
Alle Knöterich-Arten sind anspruchslos, ein »normaler« Gartenboden genügt, auch mit der Sonne wird es nicht so genau genommen, nur den ganz tiefen Schatten sollte man vermeiden.
Arten und Sorten
Die schönste Sorte ist »Darjeeling Red«, 20 cm hoch, aber auch »Superbum«, 25 cm hoch, und »Donald Lowndes« (Abb. 79), leuchtendrosa, sind gut.
Benachbarung
Wir haben hier wieder einen Flächendecker, der in Sonne wie in Halbschatten zu gebrauchen ist. Die Pflanze erfüllt ihre Pflicht vor und zwischen Gehölzen genausogut wie in Verbindung mit Stufen, Platten und Steinen. Zusammen mit niedrigen Glockenblumen und diversen Steinbrech-Arten.
Pflanzung und Pflege
Eine unempfindliche Staude, die im Frühjahr aus dem Topf gepflanzt wird. Der Ausbreitungsdrang der Pflanze ist groß; man wird ihm von Zeit zu Zeit Einhalt gebieten müssen, oder man wird gleich von Anfang an genügend Raum geben.

Waldrebe *Clematis-Hybriden* Abb. 80

Kluttersträucher
10–14 m hoch Blüte Juni/Okt.
Kopf in der Sonne, Fuß im Schatten

Allgemeines und Merkmale
Eine Kletterpflanze, die im Sommer unsere Pergolen, Zäune und Wände mit einem Blütenmeer überzieht, und eine Wildart, die »Liane« unserer lichten Laubwälder. Die Blütenfarbe zieht sich fast über das gesamte Spektrum, sie ist nicht nur blau.

Standortansprüche
Waldreben wohnen in lichten Laubwäldern; diese Bedingungen müssen wir ihnen schaffen. Also geben Sie kalkhaltige, nahrhafte, genügend feuchte Böden, die mit Humus (Torf, verrottetem Laub) angereichert sind. Der Fuß der Clematis sollte im Schatten stehen, also geben Sie den Wurzeln eine gute Laub-Deckschicht, pflanzen Sie Bodendecker oder niedrige Stauden um die Clematis. Sie wachsen dann von selbst zur Sonne empor.

Arten und Sorten
Wichtig für uns ist die in unseren Laubwäldern lebende Clematis vitalba, die Waldrebe, eine starkwüchsige Liane für größere Gärten; dann die frühblühende Clem. montana »Rubens Grandiflora«, die Anemonenwaldrebe, mit rosaroten, 6 cm breiten Blüten, und schließlich die Unzahl von großblumigen Hybriden. *Cl. jackmannii* in Blau mit 4 Blütenblättern, die Hybridfarben vor allem Rot und Weiß. Für den Steingarten ist die Alpenwaldrebe *(Cl. alpina)* schön, die dort kleine Gehölze wie mit einem Gespinst überzieht. Und die gelbblühende Goldwaldrebe *(Cl. tangutica)* schließlich klettert bis 3 m hoch und entzückt mit Samenständen, die wie Federbälle wirken.

Benachbarung
Zur Bekleidung von Hauswänden, Mauern, Lauben und Pergolen zusammen mit anderen Schlingern oder mehrere Clematis-Arten und Sorten.

Pflanzung und Pflege
Man pflanzt im Frühjahr aus Töpfen, Aufleitungsmaßnahmen sind erforderlich. *Cl. alpina* schneidet man unmittelbar nach der Blüte, alle anderen Arten und Hybriden, wenn überhaupt, im zeitigen Frühjahr.

Karpathenglockenblume *Campanula carpatica* Abb. 81

Beet- und Steingartenstaude
25 cm hoch Blüte Juni/Juli ○

Allgemeines und Merkmale
Eine der beliebtesten Gartenglockenblumen; auserlesene Züchtungen bringen die Schönheit der blauen und weißen Blütenfarbe zur vollen Wirkung.
Standortansprüche
Eine sehr anspruchslose Staude, die überall gedeiht, nur nicht in stauender Nässe. Sonne sollte vorhanden sein.
Arten und Sorten
C. carpatica gehört zu den niedrigen Glockenblumen; es gibt dunkelblaue, mittelblaue und weiße Sorten. Dunkelblau sind »Blaue Clips«, »Blauer Zwerg«; mittelblau: »Karpathenkrone«, »Blaumeise«; weiß: »Weiße Clips«, »White Star«.
Benachbarung
Zusammen mit Armeria, Steinnelke, Schleierkraut und Goldflachs in Fugen, in Kies- und Steinbeeten, aber auch als Beeteinfassungen und auf Staudenbeeten. Zusammen mit anderen Beetstauden wirken diese zierlichen und aparten Pflanzen wunderschön.
Pflanzung und Pflege
Man setzt die Pflanzen im Frühjahr aus Töpfen. Sagt ihnen der Standort zu, breiten sie sich oft durch Selbstaussaat weiter aus.

Indianernessel *Monarda didyma* **Abb. 82**
Beetstaude
100 cm hoch Blüte Juni/Sept.

Allgemeines und Merkmale
Eine buschige, hohe Staude, deren Blüten duften – das mögen die meisten Gartenbesitzer. Die Blütenfarben sind Rot – Rosa – Weiß, manchmal tendieren sie auch zum Lila. Als Schnittblumen sind Indianernesseln sehr schön.
Standortansprüche
Indianernesseln wachsen in jedem Boden, vertragen auch große Trockenheit; allerdings mögen die gärtnerisch hochgezüchteten Sorten keine Extreme. Rote Sorten wollen mehr feuchte Böden, lilafarbene trockenere.
Arten und Sorten
Monarda didyma wächst in den feuchten Wäldern Michigans,

Monarda fistulosa an trockenen Stellen in Ontario und Quebec. Kreuzungen hieraus sind *Monarda hybrida*, die Gartenhybriden. Schöne Sorten sind »Präriebrand« (tieflachsrot), »Prärienacht« (dunkelpurpurviolett) und »Cambridge Scarlet« (dunkelscharlach).

Benachbarung

Auf Beeten zusammen mit gelbem Helenium, Goldruten, Sibirischer Schwertlilie, Taglilie und hohem blauem Ehrenpreis *(Veronica longifolia* »Blauriesin«). Auch als Unterpflanzung unter lichte Gehölze. »Prärienacht« steht trocken mit Schafgarbe, Storchschnabel und Königskerze.

Planzung und Pflege

Man setzt im Frühjahr. Besondere Ansprüche stellen die genügsamen Pflanzen nicht. Sie fallen allerdings leicht einmal um, so daß gelegentlich gestäbt werden sollte, wenn man die Staude in die Rabatte einordnen will.

Edeldistel *Eryngium-Arten* Abb. 83

Trockenheitsliebende Wildstauden

bis 100 cm hoch Blüte Juni/September ○

Allgemeines und Merkmale

Anspruchslose, trockenheitsliebende Stauden, die als Schnittblumen, besonders in Trockensträußen, ganz apart wirken, das sind die Edeldisteln.

Standortansprüche

Die Pflanzen sind unempfindlich gegen Witterungseinflüsse. Sie nehmen mit jedem Gartenboden vorlieb, er muß nur durchlässig und sehr tiefgründig sein, so daß die Pflanzen mit ihren Pfahlwurzeln tief eindringen können. Sie verlangen sehr viel Sonne, denn nur dann können sie sich voll entwickeln. Je sonniger und ärmer sie stehen, um so kräftiger färben sich die Hochblätter.

Arten und Sorten

Eryngium alpinum mit den Sorten »Amethyst« und »Opal« ist 50–70 cm hoch, die Blütenfarbe ist stahlblau und silbrig-lila. *Eryngium planum* wird 100 cm hoch mit blauer Blütenfarbe. Die Sorte »Argenteum« ist silbrigweiß, »Blauer Zwerg« nur 40–50 cm hoch, tiefblau.

Benachbarung
Auf sonnigen, warmen Böschungen, auf Terrassen und auf Rabatten zusammen mit Schleierkraut, Gräsern, Sonnenhut, Helenium, Goldrute, Limonium und Wolligem Ziest.
Pflanzung und Pflege
Pflanzung im Frühjahr. Haben die Pflanzen den richtigen Standort, dann sind aufwendige Pflegemaßnahmen nicht erforderlich. Lediglich die Mäuse mögen die Pflanzen gern; sie müssen also bekämpft werden.

Fetthenne *Sedum-Arten* Abb. 84

Steingartenstaude, Dickblattgewächs
bis 50 cm hoch Blüte Juni/Sept.

Allgemeines und Merkmale
Wenn man von Polsterpflanzen spricht, meint man gewöhnlich Fetthennen. Ob es die Trockenkünstler auf Mauerköpfen sind oder die kräftiggrünen Beeteinfassungen, die flächige Unterpflanzung unter Lilien, Iris, Gräsern oder Rosen, oder sommerblühende Kissen im leichten Halbschatten, ja sogar dickblättrige herbstblühende Staudenbüsche von 60 cm Höhe.
Standortansprüche
Volle Sonne ist für alle Arten richtig. Meistens wird ein trockener Boden bevorzugt, der steinreich und kalkhaltig ist. Aber die Beetsorten und die Hybriden mögen auch manchmal lehmhaltige Böden, die etwas Wasser halten dürfen.
Arten und Sorten
Einfach einige Beispiele:
Sedum spurium »Schorbusser Blut«, die bewährte Einfassungspflanze, die auch noch mit etwas Schatten fertig wird. Als Vertreter der Sonnenanbeter *Sedum middendorffianum var. diffusum* ist 15 cm hoch mit gelber Blüte; es wächst horstig, die Blätter sind frischgrün und haben eine schmal-lanzettliche Form. Schließlich *Sedum telephium* »Herbstfreude« (Abb. 84); es erreicht eine Höhe von 50 cm, wächst aufrecht; die breiten, flachen Doldenblüten sind rostrot, die Blätter eiförmig und gezähnt. Eine herrliche Beetstaude, die auch noch den Winter über schön ist, für Rabatten.

Benachbarung
S. middendorffianum var. diffusum ist ein wüchsiger Bodendecker für warme, sonnige Plätze zusammen mit dem Goldblatt-Teppich-Thymian, der Persischen Steppen-Distel und der Spornblume *(Kentranthus ruber). S. telephium* »Herbstfreude« setzt man dagegen auf sonnige Rabatten und Staudenbeete zusammen mit der Edeldistel, der Herbstaster und der Gelben Wiesenskabiose. Alle Sedum-Arten eignen sich für Trog- und Dachgärten in voller Sonne.

Pflanzung und Pflege
Die aus Töpfen kommenden Jungpflanzen setzt man im Frühjahr. Sie sind anspruchslos, im Steingarten und auf Südhängen infolge der Wasserspeicher in ihren dicken Blätteren richtige Durstkünstler. Von den eingewachsenen Polstern kann man immer wieder Teilpflanzen abnehmen und aufpflanzen.

Prachtspiere *Astilben-Arten und Hybriden* Abb. 85

Beetstaude
bis 110 cm hoch Blüte Juni/Sept.

Allgemeines und Merkmale
Die Prachtspiere leuchtet mit ihren fedrigen Blütenrispen weiß, rosa oder rot geheimnisvoll aus dem Halbdunkel vor oder zwischen Laubgehölzen. Die Rispen wehen wie Fahnen in dem leichten Wind, der meist an Gewässerrändern herrscht. Eine Prachtstaude für den kühlen, feuchten Halbschatten, die auch als Schnittblume sehr begehrt ist.

Standortansprüche
Die Prachtspieren wachsen in ihrer Heimat Ostasien im kühlen Laubwaldschatten; diese Eigenschaft haben auch unsere hochgezüchteten Gartenformen beibehalten. Also: nährstoffreiche, humose, feuchte Böden in halbschattiger und schattiger Lage.

Arten und Sorten
Astilbe arendsii ist eine Gartenhybride. Sie ist heute die beliebteste Prachtspiere. Sorten davon sind »Cattleya« (xxx) und »Else Schluck« – karminrosa, »Brautschleier« (xxx) – weiß und »Glut« (xxx) – karminrot. *A. chinensis var. pumila* ist nur 15–20 cm hoch,

die Blütenkerze ist dichter und lilarosa. Eine reine Schattenpflanze. *A. japonica* hat hohe, pyramidenförmige Rispen. Auch hier gibt es viele Gartenhybriden in den unterschiedlichsten Farben. Die ganz hohen Arten heißen Astilbe *chinensis var. taquetii* und *A. thunbergii.*

Benachbarung

Zusammen mit Waldgeißbart, Farnen, großblütigem Storchschnabel, Waldstorchschnabel, Funkien, Sommer-Himmelschlüssel und Rodgersien unter Laubgehölzen, auch am schattigen Wasserrand. Auch Rabatten, die im Hausschatten liegen und oft nicht leicht geschmackvoll zu bepflanzen sind, eignen sich für Astilben.

Pflanzung und Pflege

Pflanzung im Frühjahr. Außer den spezifischen Standortbedingungen ist eigentlich keine Pflege erforderlich. Wenn die Wurzelstöcke im Laufe der Zeit etwas aus dem Boden herauswachsen, muß man mit Komposterde auffüllen. Frieren die Austriebe im Frühling durch Spätfröste zurück, macht das gar nichts. Der Neuaustrieb folgt auf dem Fuße. Die Pflanzen stehen lange in Knospe und schmücken schon damit.

Schneeballhortensie *Hydrangea arborescens* Abb. 86

Strauch, sommergrünes Laubgehölz
2–3 m hoch Blüte Juni bis September

Allgemeines und Merkmale

Hier haben wir einen Strauch, der im Schatten wächst, mit großen weißen Blüten daraus hervorleuchtet, der im Spätsommer und Frühherbst noch die Illusion des Frühlings bietet.

Standortansprüche

Der Boden sollte nährstoff- und humusreich und auch gut durchlässig für Niederschläge sein. Den Standort muß man halbschattig, ja schattig wählen, windgeschützt, also richtig ein Strauch für schattige Hausecken oder auf dem Rasen unter großen Bäumen.

Arten und Sorten

Von *Hydrangea arborescens* gibt es die Sorte »*Grandiflora*« (Abb. 86), die meistens von den Baumschulen angeboten wird. Ähnlich, mit spitzdoldigem Blütenstand, ist *H. paniculata.* Höher wachsen

Hydrangea aspera und *H. macrophylla*, die etwa andere Ansprüche stellen.

Benachbarung

Unter hohen Gehölzen auf dem Rasen oder mit Schattenstauden zusammen.

Pflanzung und Pflege

Man setzt im Frühjahr, auf gute Bewässerung ist Wert zu legen.

Seerose *Nymphaea-Arten und Hybriden* **Abb. 102**

Wasserpflanze, hochgezüchtet

bis 10–15 cm über dem Wasser Blüte Mai bis Oktober ○

Allgemeines und Merkmale

Die bei uns heimische weiße Seerose war früher gar nicht so selten. Für unsere Gärten hat uns die Züchtung viele Arten und Hybriden gegeben, um herrliche Blüten auf den Gartenteichen wachsen zu lassen. Die Pflanzen haben ein kriechendes, manchmal knolliges Rhizom, rundliche oder oval-herzförmige, auf dem Wasser schwimmende Blätter und auf dem Wasser liegende, über den Blättern stehende große Blüten.

Standortansprüche

Seerosen brauchen nahrhafte, altgedüngte, lehmige Gartenerde. Erdmischung: 2 Teile kalkarmer, toniger Lehm, 1 Teil nasser Torf. Pro Kubikmeter Erde 1 kg Hornspäne. In großen Teichen pflanzt man Nymphaea in den entsprechend vorbereiteten Grund, für kleinere Wasserbecken setzt man sie in Gefäße, zum Beispiel in Weidenkörbe, die man in das Becken stellt. Sind die Becken zu klein und zu tief, kann sich das Wasser nicht genügend erwärmen. Eine sommerliche Wassertemperatur von 15–25° C ist nämlich notwendig, um die Seerosen gedeihen zu lassen. Volle Sonne ist daher wichtig. Seerosen brauchen Wasserruhe. Sie gedeihen also nicht, wo das Wasser fließt oder ein Springbrunnen plätschert.

Arten und Sorten

Es wurden Sorten gezüchtet für flache Becken und solche für tiefere. *Nymphaea odorata* »Rosennymphe« braucht eine Wassertiefe von 40–60 cm. Sie blüht dunkel-, später lichtrosa, duftet und hat als einzige bis zum Abend offene Blüten. Es ist eine sehr wüchsige und dankbare Sorte. »Mr. James Brydon« braucht ebenfalls einen mittleren Wasserstand, die Blütenfarbe ist dunkel-kirschrot, die Blütenform kugelig. Eine der besten und schönsten Sorten. *Nymphaea x hybrida* »Marliacaea Albida« hat schneeweiße, duftende, frei über dem Wasser stehende Blüten. Die geforderte Wassertiefe ist hier 40–80 cm. Dagegen braucht die Sorte »Pöstlingberg« eine Wassertiefe von 70–200 cm; sie eignet sich mit ihren 30 cm großen weißen Blüten nur für große Wasserflächen.

Benachbarung

In die Teiche sollten Goldfische eingesetzt werden. Die herrlichen, großblütigen Seerosen brauchen eigentlich keine Nachbarn, vielleicht einige nicht zu stark wuchernde Schwimmpflanzen in der Nähe, zum Beispiel Froschbiß *(Hydrocharis morsus-ranae)*, Seekanne *(Limnathenum peltatum)* oder verschiedene Laichkräuter.

Pflanzung und Pflege

Man pflanzt von Ende Mai bis Mitte August. Das Rhizom muß leicht schräg liegen. Man kann es mit einem Drahtbügel oder einer Astgabel verankern, damit es nicht hochschwimmt. Seerosen lieben kalkhaltiges Wasser nicht; man gibt dann eine Schicht Humin-Torf über die Kieslage, die unter der Pflanzerde als Wasserspeicher dient. Auch der Torfanteil der Pflanzerde kann erhöht werden. Ist das Wasser sehr umweltbelastet oder sehr kalkhaltig, kann man es vor dem Einfließen in Becken oder Teich durch einen Korb Humin-Torf laufen lassen. Stark gechlortes Leitungswasser läßt man abstehen. Frisch zementierte Betonbecken, die am Anfang noch Kalk ausscheiden, sollte man im ersten Jahr nicht gleich bepflanzen. Nach der Pflanzung oder dem Einsetzen der Pflanzgefäße sollte der Wasserstand 10 cm über der Pflanze stehen. Mit dem Wachstum der Seerosen hebt sich der Wasserstand so, daß die Blätter mit ausgestreckten Stengeln auf dem Wasser schwimmen.

Seerosen vertragen keinen Frost. Wo das Becken im Winter bis zum Grunde einfriert, müssen die Pflanzen mit ihren Gefäßen herausgenommen und feucht und frostfei überwintert werden. Bildet sich nur auf der Wasseroberfläche eine Eisschicht, schlägt man ein Loch hinein und verstopft es mit einem Strohbüschel. So kommt Luft an die Pflanzen. Vorher sollte man einige Eimer Wasser herausschöpfen, damit ein Luftpolster zwischen Eisdecke und Wasseroberfläche entsteht. Muß das Wasser im Herbst abgelassen werden, bedecken wir die Seerosen mit einer 20–30 cm starken Laubdecke und beschweren sie mit Fichtenästen.

Mit der Düngung muß man vorsichtig sein, damit im Becken kein

Algenwuchs gefördert wird. Ist das biologische Gleichgewicht im Gartenteich zwischen Wasser, Pflanze und Tier ausgewogen, braucht unter Umständen gar nicht gedüngt zu werden. Im betonierten Becken aber ist Düngung meist notwendig. Sind Fische im Becken, gräbt man etwas Hornmehl in die Erde ein.

Heddewigs-Nelken *Dianthus chinensis var. heddewigii* Abb. 87

Sommerblume, einjährig gezogen
15–30 cm hoch Blüte Juli bis September

Allgemeines und Merkmale
Die farbenprächtige Heddewigs-Nelke gehört zum Typ der Chinesernelke; sie wird bei uns einjährig gezogen, duftet nicht, ist aber durch die Leuchtkraft ihrer Farben eine außerordentlich gute Beetpflanze. Auch als Topfpflanze wird sie manchmal herangezogen. Es gibt einfache und gefüllte Formen, die Kronblätter sind tief eingeschnitten.
Standortansprüche
Diese typischen Beetpflanzen brauchen einen nährstoffreichen, mittelschweren Boden, den man gleichmäßig feucht hält. Die volle Sonne ist für das gute Gedeihen wichtig.
Arten und Sorten
Dianthus chinensis kam aus dem Fernen Osten zu uns. In Japan wurde schon früh mit der Art züchterisch gearbeitet. In letzter Zeit sind auch von der Heddewigs-Nelke F_1-Hybriden entstanden, die sich durch Früh- und Reichblütigkeit und durch die großen Einzelblüten auszeichnen. Eine solche F_1-Hybride ist die Sorte »Feuersturm« mit einer leuchtend-hellscharlach Blütenfarbe, 30 cm hoch mit buschigem Pflanzenaufbau. Selbst bei trübem und regnerischem Wetter leuchten die Blüten dem Beschauer entgegen. »Herzkönigin«, eine weitere Sorte aus dieser Gruppe, ist ebenfalls leuchtend scharlachrot, 30 cm hoch, mit buschigem Pflanzenaufbau (Abb. 87). »Snowfire« ist weiß mit scharlachrotem Auge, 20 cm hoch, sehr großblumig und reichblühend. Diese Sorte kann man gut als Topfpflanze ziehen. »Schneeflocke«, reinweiß und 20 cm hoch, ist die großblumigste in dieser Gruppe. Diese Sorte erhielt

die Fleuroselect-Bronzemedaille für 1973. Die neueste Entwicklung auf diesem Gebiet sind die Magic-Charms F_1-Hybriden. Sie sind von einer großen Anzahl einfacher Blüten geradezu bedeckt. Die buschig wachsenden Pflanzen verzweigen sich schon an der Basis.

Benachbarung

Auf Schmuckbeeten entweder mit anderen Sommerblumen, oder die verschiedenen Sorten gemischt oder als Farbklecks nur eine Sorte. Auf Sonderstandorten, zum Beispiel Terrassen, zusammen mit Hohem Schleierkraut.

Pflanzung und Pflege

Die in der Gärtnerei gekauften Jungpflanzen werden nach den Eisheiligen gesetzt. Es ist regelmäßig alle 4 Wochen nachzudüngen (Volldünger, eine Streichholzschachtel voll in eine 10-Liter-Gießkanne Wasser für 2 qm Beetfläche). Und in Trockenzeiten ist zu gießen. Im warmen Weinbauklima überstehen die Heddewigs-Nelken manchmal den Winter.

Mittagsgold *Gazania hybrida* Abb. 88

Sommerblume, einjährig gezogen ○

bis 20 cm hoch Blüte Juni bis September

Allgemeines und Merkmale

Gazanien kommen aus Südafrika. Ihren Namen haben sie zu Ehren von Theodor von Gaza, einem italienischen Geistlichen, erhalten. Die zu den Korbblütlern zählende Art blüht gelb bis rosa mit vielen Zwischentönen. Im Blüteninnern befindet sich ein dunkler Ring mit weißen Punkten. Gazanien gehören mit zu unseren schönsten Sommerblumen. Botanisch gesehen sind sie ein Halbstrauch.

Standortansprüche

Gazanien müssen immer in der Sonne stehen, sonst schließen sich die Blüten. Sie gedeihen am besten in nährstoffreichen Gartenböden, die gut durchlässig sein müssen, weil die Pflanzen leicht unter Staunässe leiden. Wo wegen der Sonnenhitze kaum eine Pflanze gedeiht, fühlen sich Gazanien richtig wohl.

Arten und Sorten

Gazania rigens mit orangegelben Blüten ist schon länger bekannt.

Heute sind die Gazanienhybriden im Handel, deren Ausgangsarten wahrscheinlich *G. longiscapa* und *G. nivea* sind. Es gibt hauptsächlich Farbmischungen davon im Handel; es wird aber auch schon die »Golden Margarita F_1-Hybride« angeboten. Die Gruppe »Mini-Star« ist eine Zwerggazanie, »Grünauge« (Abb. 88) und »Bridget« sind besonders schöne Selektionen daraus.

Benachbarung

Gazanien gedeihen an Terrassen und Sitzplätzen, an Mauern, auf Rabatten, sogar im Steingarten entweder allein oder zusammen mit rotblühenden Polsterstauden, mit Gräsern oder unter Yucca. Auch im Balkonkasten, auf Dach- und in Troggärten sehen Gazanien gut aus.

Pflanzung und Pflege

Die in Töpfen erstandenen Jungpflanzen werden nach den Eisheiligen gesetzt. Im Sommer muß bei heißem Wetter gut gewässert werden; auch ist mit einem besonders phosphor-betonten mineralischen Volldünger nachzudüngen. Der engagierte Gartenfreund kann die Pflanzen vor den ersten Frösten herausnehmen, eintopfen und hell und frostfrei über den Winter bringen. Im sehr milden Weinbauklima überwintert das »Mittagsgold« auch im Freien.

Strohblume *Helichrysum bracteatum* Abb. 89

Sommerblume, einjährig

30–80 cm hoch Blüte Juli bis September ○

Allgemeines und Merkmale

Die Strohblumen – wer kennt sie nicht! Trockengebinde sind wieder gefragt, und dazu gehören untrennbar die Strohblumen. Die Farbe der Körbchenblüten von Gelb über alle Zwischentöne bis Feuerrot, die Höhe zwischen 30 und 80 cm.

Standortansprüche

Auch Strohblumen müssen in voller Sonne wachsen, wenn sie gut gedeihen sollen. Ein guter Gartenboden ist notwendig, der durchlässig ist.

Arten und Sorten

Die Gattung Helichrysum umfaßt viele Arten; gärtnerisch wichtig ist aber nur *Helichrysum bracteatum var. monstrosum* mit großen

Blütenköpfen. Die hohen Sorten für den Schnitt werden bis zu 80 cm hoch; hier sind zu nennen »Album« (weiß), »Feuerball« (rotbraun) und »Salmoneum« (lachsfarben). Für Rabatten eignet sich die 30 cm hohe »Zwerg Laurin« mit verschiedenen Farben. Die »Bikini«-Sorten sind eine neue Entwicklung. Es sind buschige, verzweigte Pflanzen, die ebenfalls nur 30 cm hoch werden. Der bedeutendste Vertreter hier ist »Hot Bikini«, feuerrot mit enormer Leuchtkraft, der 1977 mit der Fleuroselect-Bronzemedaille ausgezeichnet wurde (Abb. 89). »Bunter Bikini« ist eine Mischung verschiedener Blütenfarben.

Benachbarung

Setzen Sie die Strohblumen in Ihrem Garten in Gruppen zwischen andere Einjährige. Wollen Sie aber nur Trockenblumen heranziehen, wird es besser sein, Sie legen abseits der Schmuckpflanzungen ein Strohblumenbeet an, wo Helichrysum in Reihen aufgepflanzt steht.

Pflanzung und Pflege

Man setzt nach den Eisheiligen. Auch hier ist Wässern bei heißem Wetter und Nachdüngen mit einem Phosphor-reichen mineralischen Volldünger notwendig. Zur Trockenblumengewinnung schneidet man die Blüten kurz vor dem völligen Aufblühen. Bitte nur bei trockenem Wetter schneiden. Sind die Blütenköpfchen beim Schneiden schon zu stark geöffnet, fallen die Blütenblätter beim Trocknen aus. Die Stiele binden Sie in kleine Bündel und hängen sie luftig und trocken mit den Köpfen nach unten auf.

Ziertabak *Nicotiana alata (affinis)* — Abb. 90

Sommerblume, einjährig

30–80 cm hoch Blüte Juni bis September ○

Allgemeines und Merkmale

Der Ziertabak besticht durch seinen Duft, durch die schönen Blätter und durch die in lockeren Rispen erscheinenden Blüten. Die Farbe reicht von Weiß bis Dunkelrot.

Standortansprüche

Hier ist, wie bei so vielen Einjahrsblumen, der vollsonnige Stand das A und O der Kultur und des Gedeihens. Die Gartenerde sollte gut gedüngt und durchlässig sein, auch windgeschützte Lage ist wichtig.

Arten und Sorten

Von *Nicotiana alata* gibt es hohe und niedrige Sorten, auch F_1-Hybriden. 80 cm hoch ist »Tageslicht« (»Daylight«), weiß und wohlriechend, »Lime Green« hat grünlich-gelbe Blüten.

Die »Nicki F_1-Hybriden« haben einen buschigen Aufbau, werden höchstens 30 cm hoch, die Einzelblüten sind sehr groß und stehen frei über dem Laub. Es gibt hier die Bezeichnungen Nicki »Red«, »Deep Rose«, »Rose«, »Pink« (Abb. 90), »Lime«, »White« und »Mischung« in den diversen Farben. Ein starker Duft, der sich besonders in den Abendstunden entwickelt, zeichnet diese Hybriden aus.

Als verwandte Arten sollen noch *Nicotiana x sanderae* und *N. sylvestris* erwähnt werden, die ebenfalls guten Zierwert besitzen. Und unser Rauchtabak, *Nicotiana tabacum*, ist ebenfalls Angehöriger dieser Gattung.

Benachbarung

Durch die herrlichen Blätter und Blüten wirkt der Ziertabak auf Rabatten und Schmuckbeeten als Einzel- oder als Gruppenpflanze. Entweder in Gruppen von 3–5 Pflanzen setzt man ihn oder locker in Horsten zwischen niedrige Sommerblumen.

Pflanzung und Pflege

Pflanzung auch hier nach den Eisheiligen (bis Ende Mai) aus Töpfen. Wässern bei trockener Witterung und regelmäßige Volldüngergaben sind auch hier obligatorisch zur guten Entwicklung.

Studentenblume, Sammetblume — Abb. 91

Tagetes-Arten und Hybriden

Sommerblume, einjährig

bis 90 cm hoch   Blüte Juni bis September

Allgemeines und Merkmale

Eine vielseitige, robuste Sommerblume, das sind die Tagetes. Manchen Liebhaber stört der eigenartige Geruch; doch gibt es heute schon geruchlose Sorten. Die Pflanze mit den Körbchenblüten kommt aus Mexico zu uns. Die Blütenfarbe reicht von Hellgelb bis Dunkelbraun, die Blätter sind fiederig geteilt. Auch als Schnittblumen sind Tagetes schön.

Abb. 89: Strohblume
Helichrysum bracteatum »Hot Bikini«
Beschreibung S. 110

Abb. 90: Ziertabak
Nicotiana alata (affinis) »Nicki Pink«
Beschreibung S. 111

Hochsommer und Frühherbst

Abb. 91: Studentenblume (Sammetblume)
Tagetes erecta »Orange Lady«
Beschreibung S. 112

Abb. 92: Zinnie
Zinnia elegans »Exquisit«
Beschreibung S. 114

Abb. 93: Sommeraster
Callistephus chinensis »Miss Mexico«
Beschreibung S. 115

Abb. 94: Artischocke
Cynara scolymus
Beschreibung S. 116

Hochsommer und Herbst

Abb. 95: Gartenchrysantheme (Winteraster)
Chrysanthemum × hortorum »Karminsilber« Beschreibung S. 118

Abb. 96: Kissenaster
Aster dumosus »Wachsenburg«
Beschreibung S. 117

Abb. 97: Stechpalme
Ilex aquifolium »Silver Queen«
Beschreibung S. 123

Abb. 98: Pampasgras
Cortaderia selloana »Pumila«
Beschreibung S. 120

Herbst

Abb. 99: Tatarischer Hartriegel
Cornus alba
Beschreibung S. 122

Abb. 100: Fächerahorn (Japanischer Ahorn)
Acer palmatum
Beschreibung S. 121

Abb. 101: Taglilie
Hemerocallis hybrida (Abb.: Sorte »Cartwheels«)
Beschreibung S. 89

Abb. 102: Seerose
Nymphaea odorata »Rosennymphe«
Beschreibung S. 106

Hochsommer und Herbst

Abb. 103: Wetterdistel
Carlina acaulis var. caulescens
Beschreibung S. 119

Abb. 104: Fächerzwergmispel
Cotoneaster horizontale
Beschreibung S. 124

Standortansprüche

Ein vollsonniger Standort und ein gutgedüngter Gartenboden, der durchlässig sein soll; das ist es, was die Studentenblumen mögen.

Arten und Sorten

Drei Arten sind für uns Gärtner wichtig: *Tagetes erecta* (bis 90 cm hoch), *Tagetes patula* (30–60 cm hoch) und *Tagetes tenuifolia* (20–30 cm hoch, breitbuschig). Von den ersten beiden Arten gibt es eine Unzahl von Hybriden, Formen und Sorten, die sich ständig verändern und von denen alljährlich neue hinzukommen. Die Entwicklung ist da keineswegs abgeschlossen.

Bei *Tagetes erecta* sind zur Zeit wichtig die American F_1-Hybriden für große Gruppen und zum Blumenschnitt, die Galore F_1-Hybriden, die dichtgefüllteste und großblumigste halbhohe Sortengruppe, die Lady F_1-Hybriden sind ebenfalls dicht gefüllt, die Blütenhülle steht frei über dem Laub. Die verschiedenen Farben sind hier als Sorten ausgewiesen, so auch »Orange Lady« (Abb. 91). Die Space-Age F_1-Hybriden eignen sich durch ihre frühe Blüte besonders als Topfpflanze, und die Jubilee F_1-Hybriden sind großblumige, breitbuschige, ca. 60 cm hohe Tagetes für Beet und Schnitt.

Bei *Tagetes patula* hat sich eine Formenfülle entwickelt, so daß nur wenige davon genannt werden können. *Tagetes patula Bonita* hat mittelgroße Blumen, auch bei trüber Witterung ist die Leuchtkraft enorm. »Bonita Valencia« blüht leuchtend mandarinorange und wird etwa 25 cm hoch. *Tagetes patula nana* »Dainty Marietta« blüht einfach, goldgelb mit mahagonibraunen Flecken, 20 cm hoch. *Tagetes erecta x T. patula* sind die Nugget-Bastarde. »Gold-Nugget« ist goldgelb, 25 cm hoch. »Orange Nugget« hat eine dunkelorange Blütenfarbe, ist breitbuschig und 20 cm hoch.

Tagetes tenuifolia schließlich hat feingefiederte Blätter, einen buschigen, breiten Wuchs und kleine Blüten. Eine typische Sorte heißt »Gnom« mit zahllosen, tieforangenen Blüten.

Benachbarung

Tagetes dienen als Topf- und als Beetpflanzen und als Schnittblumen. Sie können als Massenblüher auf Beeten eingesetzt werden, und die hohen Sorten dienen im Sommerblumen- oder Staudenbeet als Einzel-Blickpunkte.

Pflanzung und Pflege

Tagetes sind noch in voller Blüte verpflanzbar. Es lassen sich also ungeahnte Wirkungen erzielen. Man setzt die Jungpflanzen nach den Eisheiligen. Manchmal müssen Maßnahmen gegen Schnecken oder gegen naschhafte Vögel ergriffen werden. Wässern und nachdüngen wie bei allen Sommerblumen.

Zinnie *Zinnia elegans* **Abb. 92**
Sommerblume, einjährig
bis 90 cm hoch Blüte Juni bis September ○

Allgemeines und Merkmale
Die Zinnien sind hervorragende Sommerblumen, die schon immer beliebte Schnittblumen wie auch Rabattenpflanzen sind. Die Auswahl ist umfangreich geworden, die Kombinationsmöglichkeit ist groß.
Standortansprüche
Jeder kräftige, altgedüngte Gartenboden eignet sich für die Kultur. Volle Sonne ist erforderlich, und es darf nicht zu eng gepflanzt werden.
Arten und Sorten
Für uns Gärtner ist vor allen Dingen *Zinnia elegans* wichtig. Daneben ist noch *Z. angustifolia (haageana)* in Kultur, die aber lange nicht die Bedeutung der ersteren erreicht hat. Von *Zinnia elegans* sind erwähnenswert die »Dahlienblütigen Riesenzinnien«, und hier die Sorte »Exquisit« (Abb. 92) mit außergewöhnlich großen Blüten, karminrot, 90 cm hoch, eine herrliche Schnittblume. Dann gibt es die ca. 60 cm hohen »Frühwunder« und »Kalifornischen Mammut-Zinnien«, »Liliput«- und »Peter-Pan«-Zinnien von 25–40 cm Höhe in den verschiedensten Farben und »Ruffles F_1-Hybriden«, mittelgroße Blüten auf 60-cm-Stielen, »Cherry Ruffles«, leuchtend karminrot, ausgezeichnet mit der Fleuroselect-Bronzemedaille 1978. Erwähnt werden sollen noch skabiosenblütige Zinnien und die State-Fair-Klasse.
Benachbarung
Die niedrigen Sorten auf Rabatten mit Salvien, Tagetes, Ageratum, Löwenmaul etc. Schnittblumen sollten von eigenen Schnittblumenbeeten gewonnen werden.
Pflanzung und Pflege
Pflanzung Ende Mai/Anfang Juni. Nachdüngung mit Blauvolldünger, bei Bedarf wässern.

Aster, Sommeraster *Callistephus chinensis* **Abb. 93**
Sommerblume, einjährig
20–80 cm hoch Blüte Juni bis September ○

Allgemeines und Merkmale
Wieder haben wir hier eine allgemein bekannte schöne Blume, die Sommeraster, die als Topf- und Beetpflanze und als Schnittblume über den ganzen Sommer hinweg unser Herz mit den herrlichsten Blütenfarben und auch oft mit erstaunlichen Blütenformen erfreut. Denn wer kennt sie nicht, die Pompon-Astern oder gar die großen Straußenfeder-Astern? Letztere sind ja im Sprachgebrauch die eigentlichen Astern.
Standortansprüche
Ein gut gedüngter Gartenboden und volle Sonne sind notwendig, wenn diese Pflanzen gut gedeihen sollen.
Arten und Sorten
Die Art stammt aus China, und weil sie den Menschen in Mitteleuropa so viel Freude gemacht hat, wurden die verschiedensten Züchtungen mit der äußerst variablen Pflanze erreicht. Da sind die niedrigen Zwerg-, Topf- und Beetastern, 20–25 cm hoch, mit der Mylady-Gruppe (Riesen-Strahl-Blüten), die Pinocchio-Gruppe (die Pflanzen sind ab August mit gefüllten Blüten bedeckt) und die Zwergkönigin-Gruppe (aufrechtwachsend, 25 cm hoch, Namensorten). Da sind halbhohe Schnittastern, 45–50 cm hoch mit der Frühwunder- und der Pompon-Gruppe, und da sind die hohen, mittelfrühen Astern, 60–80 cm hoch. Hier gibt es unter anderem die Prinzeß-, Riesen-Prinzeß-, Riesen-Strahlen- und die Straußenfeder-Gruppe. Und schließlich kennen wir noch die spätblühenden Schnittastern, 60–80 cm hoch, mit der Paeonien-Pulling-Gruppe und den Amerikanischen Schnittastern.
Benachbarung
Astern lassen sich noch im blühenden Zustand verpflanzen. Sie können jederzeit dort eingesetzt werden, wo man sie braucht. Die niedrigen Sorten sehen gut aus auf der Sommerblumen-Rabatte oder in Blumentöpfen als Topfpflanze. Die halbhohen und hohen Schnittsorten leben auf eigenen Schnittblumen-Beeten.
Pflanzung und Pflege
Man erwirbt die Jungpflanzen in der Gärtnerei oder im Gartencen-

ter und pflanzt nach den Eisheiligen. Bei heißem und trockenem Wetter muß man fleißig gießen. Jede Woche muß gedüngt werden, und zwar löst man 3 g Blumenvolldünger in 1 Liter Wasser auf und gibt diese Lösung den Pflanzen.

Herbst: Oktober, von Erntedank bis Allerheiligen

Artischocke *Cynara scolymus* **Abb. 94**
Beetpflanze, Nutzpflanze
200–250 cm hoch Blüte September/Oktober ○

Allgemeines und Merkmale
Ja, Sie haben richtig gelesen, der Gaumenkitzel der Feinschmecker kann auch als Zierpflanze dienen. Die distelartige Staude mit grobbehaarten, fiederteiligen Blättern hat im Herbst blauviolette Blütenköpfe, wenn man sie nicht im Sommer verzehrt hat. Es ist jedes Jahr erneut ein Erlebnis, diese gewaltige Pflanze wachsen zu sehen.
Standortansprüche
Sonnige und warme Lagen sind für diese frostempfindliche Pflanze lebenswichtig. Ebenso ein gut bearbeiteter, nährstoffhaltiger Gartenboden mit einem reichlichen Nährstoffangebot.
Arten und Sorten
Cynara scolymus, die Artischocke, und *Cynara cardunculus*, der Cardy, von dem die zarten Blattstiele gegessen werden; beide sind dekorativ.
Benachbarung
Diese bizarren Pflanzen wirken vor allem als Solitärstauden. Man umpflanzt gegebenenfalls den Standplatz mit Einjahrsblumen.
Pflanzung und Pflege
Man pflanze nicht vor den Eisheiligen! Im Herbst, wenn Temperaturen unter -5° C zu befürchten sind, gibt man den Artischocken Winterschutz mit einer dicken Laubschüttung, die von Fichten-

ästen festgehalten wird. Im Frühjahr sollte man nicht zu zeitig aufdecken. Nach Triebbeginn sind kräftige Dunggüsse oder Kopfdüngergaben angezeigt.

Kissenaster *Aster dumosus* **Abb. 96**

Beetstaude

50 cm hoch Blüte von August bis Oktober

Allgemeines und Merkmale

Wir haben da kugelige Büsche vor uns, die – kaum 50 cm hoch werdend – übersät sind von blauen oder violetten, weißen oder rosa Blüten. Die Körbchenblüten halten wie bei den Astern lange (auch in der Vase), die Büsche sind ein Blickpunkt im Garten. Gern werden sie als Beeteinfassung gepflanzt. Kissenastern hat man erst 1920 von England nach Deutschland eingeführt.

Standortansprüche

Kissenastern mögen Böden, die reichlich mit Nährstoffen versorgt und humos sind, also: Stallmist im Herbst vor der Pflanzung oder Torfmull (Torfmischdünger, Rindenhumus) im Frühling. Dazu 40–60 g/qm eines mineralischen Volldüngers. Volle Sonne ist notwendig.

Arten und Sorten

Vom *Aster dumosus* sind viele Gartenformen und Sorten entstanden, hier einige Namen: »Herbstgruß vom Bresserhof« (leuchtendrosa, xxx), »Kassel« (halbgefüllt, karminrot, xxx), »Prof. A. Kippenberg« (strahlend lavendelblau, xxx, Wertzeugnis der Deutschen Gartenbaugesellschaft), »Wachsenburg« (leuchtendes Rosa, xx, Abb. 96).

Benachbarung

Auf Rabatten, Terrassenbeeten, in Steingärten zusammen mit Herbstmargerite *(Chrysanthemum arcticum)*, Mädchenauge, Prachtscharte *(Liatris)*, niedriger Goldrute und Gräsern.

Pflanzung und Pflege

Pflanzung zur Staudenpflanzzeit (am besten im Frühjahr). Wenn die Büsche innen kahl werden, kann man sie aufnehmen, teilen und neu pflanzen. Im Sommer, wenn die Blüten angesetzt werden, das Wässern nicht vergessen.

Gartenchrysantheme, Winteraster — Abb. 95

Chrysanthemum x hortorum

Beetstaude

bis 100 cm hoch   Blüte August bis November   ○

Allgemeines und Merkmale

Gartenchrysanthemen sind eine der ältesten Zierpflanzen der Erde. Viele Arten wurden in China eingekreuzt (Ausgangsart war wohl die *Chrysanthemum indicum*). Im 8. Jahrhundert hat man die Pflanze in Japan eingeführt und auch dort noch mehrere Arten dazugekreuzt. Ende des 17. Jahrhunderts kamen die ersten Chrysanthemen nach Europa. Auch hier besteht also schon eine jahrhundertealte Züchtungstradition. Durch diese lange Bearbeitung und die Variabilität der Pflanze entstehen immer neue Variationen (Sports), die Entwicklung ist also noch keineswegs abgeschlossen. Deshalb besteht auch ein Meer an Sorten (zur Zeit wird die Zahl auf ca. 6000 geschätzt), die als Schnittblumen, Topfpflanzen, Beet- und Rabattenstauden dienen. Durch Kulturmaßnahmen erreicht man außerordentlich große Blüten, die zu den Totengedenktagen im November und zur Trauerbinderei Verwendung finden.

Standortansprüche

Trotz ihrer langen Tradition sind die Gartenchrysanthemen äußerst anspruchslos. Doch können sie in ungünstigen Lagen und Jahren ihre Blüten nicht mehr vor dem Frost öffnen. Gut mit Nährstoffen und Humus versorgte Gartenböden sind zur optimalen Entwicklung notwendig. Also im Frühjahr Torfmischdünger und 40–60 g/qm eines mineralischen Volldüngers geben. Immer werden auch mehrere Nachdüngungen im Sommer nötig sein. Chrysanthemen brauchen Sonne, sie sollen auch geschützt stehen. Am Fuß einer Mauer, die möglichst nach Süden ausgerichtet ist, haben sie ihren richtigen Platz.

Arten und Sorten

Hier aus der Fülle nur wenige, auch in ungünstigeren Lagen bewährte Gartensorten.

»Fellbacher Wein» (halbgefüllt, weinrot, xx), »Schwyz« (gefüllt, leuchtendrot, x), »Gartenmeister Vegelahn« (gefüllt, rosa, x), »Karminsilber« (ebenfalls) (Abb. 95), »Schleswig Holstein« (gefüllt, gelb), »Edelweiß« (halbgefüllt, reinweiß, x). In den Katalogen der

Staudengärtnereien sind weitere geeignete Sorten genannt, meist mit der Bewertung der Staudensichtung.
Die großblumigen und spinnenblütigen Sorten lassen sich nur im Gewächshaus kultivieren.

Benachbarung

Zusammen mit Herbstastern, Schafgarben und Ziergräsern, beerentragenden oder herbstfärbenden Ziergehölzen. Eine Chrysanthemenrabatte am Fuß einer vom wilden Wein *(Parthenocissus)* überzogenen Mauer ist besonders schön.

Pflanzung und Pflege

Man setzt nur im Frühjahr oder Frühsommer, bei Herbstpflanzung ist nämlich mit Ausfällen zu rechnen. Ein leichter Winterschutz aus abgeschnittenen Stengeln ist immer ratsam. Die schönste, letzte und haltbarste Schnittblume des Herbstes soll uns noch lange Jahre erfreuen.

Wetterdistel *Carlina acaulis var. caulescens* Abb. 103

Wildstaude

20–30 cm hoch Blüte August/November ○

Allgemeines und Merkmale

Silberdisteln – bekannt und begehrt und irrtümlich am natürlichen Standort oft gepflückt – diese herrlichen Stauden kann man auch im Garten anpflanzen.

Standortansprüche

Die Pflanzen wachsen auf kalkhaltigen, trockenen und warmen Böden in voller Sonne, der Boden muß durchlässig sein.

Arten und Sorten

Carlina acaulis ist die bei uns heimische und streng geschützte Silberdistel; auch diese Pflanze gibt es zu kaufen, um sie in den Garten zu setzen. C. acaulis var. caulescens hat die Blüten auf 20–30 cm hohen Stielen, bei acaulis sitzen die Blüten ja ohne Stiele an der Pflanze.

Benachbarung

Zusammen mit Dost, Rotem Habichtskraut und Bruchkraut auf Geröllhalden, Kiesflächen und Steinanlagen, wie es dieser Steppenheide-Pflanze zukommt.

Pflanzung und Pflege
Setzen Sie die Jungpflanzen aus Töpfen im Frühjahr an einen sonnigen Platz. Nur bei trockenem und sonnigem Wetter öffnen sich die Blütenköpfe, sonst bleiben sie geschlossen. Die Pflanzen haben Pfahlwurzeln, sie lassen sich also nicht teilen oder umpflanzen. Vermehrung durch Aussaat.

Pampasgras *Cortaderia selloana* Abb. 98
Ziergras
200–300 cm hoch Blüte September/Oktober ○

Allgemeines und Merkmale
Hier einmal ein Gras, und zwar das schönste und imponierendste unserer Ziergräser. Ein empfindlicher und anspruchsvoller Geselle, der unserer steten Aufmerksamkeit bedarf, der aber diese Aufmerksamkeit auch lohnt.
Standortansprüche
Das Pampasgras braucht einen nahrhaften, tiefgründigen, durchlässigen Boden, es muß in voller Sonne und geschützt vor rauhen Winden stehen. Im Winter darf keine stauende Nässe auftreten.
Arten und Sorten
Neben der Art gibt es die seltene Zwergform »Pumila«, 80–100 cm hoch mit großen, silberweißen Fahnen (Abb. 98). »Sunningdale Silver« ist 80–250 cm hoch mit großen, lockeren Blütenständen.
Benachbarung
Man pflanzt einzeln oder in kleinen Gruppen in die Schmuckstaudenrabatte oder vor dem Hintergrund dunkler Gehölze. Plätze für Cortaderia als Solitär sind auch in Hausnähe, auf dem Rasen oder der Terrasse.
Pflanzung und Pflege
Man pflanzt im Frühjahr, während des Sommers muß laufend gewässert und gedüngt werden, und im Herbst ist unbedingt ein wirkungsvoller Winterschutz aus trockenem Laub notwendig. Sinkt das Thermometer unter -5° C, bindet man den Blattschopf zusammen, daß so etwas wie ein Strohdach entsteht. Darum breitet man eine mindestens 40 cm dicke, trockene Laub- oder ebensolche Torfschicht, die man mit Fichtenreisig festhält. Keinesfalls darf Frost an die Wurzeln kommen.

Fächerahorn, Japanischer Ahorn

Acer palmatum

Solitärstrauch, sommergrünes Laubgehölz
bis 400 cm hoch Blüte Juni/Juli Herbst Laubfarbe

Allgemeines und Merkmale

Nun sind wir bei den Gehölzen mit schöner Herbstfärbung angelangt, die uns zweimal im Jahr erfreuen: Zuerst mit Austrieb und Blüte im Frühjahr und Frühsommer, und dann mit ihrer attraktiven Laubfärbung im Herbst. Beim *Acer palmatum* gibt es auch Sorten, deren Laub das ganze Jahr über rot ist.

Standortansprüche

Der Fächerahorn wächst am besten im leicht sauren Boden in der Sonne. Er nimmt aber auch mit Halbschatten vorlieb.

Arten und Sorten

Acer palmatum »Atropurpureum« hat das ganze Jahr über eine schwarzrote Belaubung. Diese Sorte ist sehr bekannt und wird am meisten in den Gärten angepflanzt. Es ist der verbreitete »Rotblättrige Fächerahorn«. Daneben gibt es den rotblättrigen Schlitzahorn, *Acer palmatum dissectum »Atropurpureum«*, dessen während des Jahres schon intensiv rote Laubfärbung im Herbst noch eine Steigerung zum feurigsten Rot erfährt. Er wird nur 2 Meter hoch und ist für Steingärten besonders wertvoll. *Acer palmatum dissectum »Viridis«* hat während des Jahres grüne Blätter, die erst im Herbst flammend gelblichrot werden. *Acer palmatum »Osabazuki«* ist besonders malerisch; im Sommer sind die Blätter grün, im Herbst werden sie herrlich feurig-rot.

Benachbarung

Der sehr frostharte Baum wächst als Solitär in kleinen und großen Gärten, die Dissectum-Formen auch im Steingarten. Durch die bizarre Form und Farbe der Blätter zieht diese Ahorn-Art immer mehr die Aufmerksamkeit der Menschen auf sich.

Pflanzung und Pflege

Man pflanzt im Frühjahr mit Topfballen und wässert vor allem im ersten Jahr regelmäßig.

rischer Hartriegel *Cornus alba* Abb. 99

auch, sommergrünes Laubgehölz

ıs 3 m hoch Blüte Mai/Juni, Herbstfärbung

Allgemeines und Merkmale

Ein Strauch, der in seiner Variabilität in vielen Formen bei uns in den Gärten steht, der anspruchslos ist, überall gedeiht und durch seine schönen Blätter und Blüten und auch durch das herrlich gefärbte Holz überall zierend wirkt. Die Zweige sind anfangs blutrot, später verfärben sie sich rotgrün, die rahmweißen Blütendolden und später die weißen Beerendolden überrieseln den ganzen Strauch. Im Herbst färbt sich das Laub rötlich.

Standortansprüche

Der Tatarische Hartriegel wächst eigentlich überall, er verträgt auch Nässe und Schatten.

Arten und Sorten

Von C. alba gibt es verschiedene Formen und Sorten, so zum Beispiel *Cornus alba »Marginata Elegans«* mit grünen Blättern, die weiß gerandet und gefleckt sind und die sich im Herbst rot verfärben. Sie haben die Sorte sicher schon in Parks und Gärten betrachtet, sie ist nicht zu übersehen. Dann gibt es C. *alba »Sibirica«* mit leuchtend scharlachroter Rinde und C. *alba »Spaethii«*, dessen Blätter im Austrieb broncefarben sind; später haben die grünen Blätter breite, goldgelbe Ränder, manchmal sind sie auch ganz goldgelb. Das farbenprächtigste buntlaubige Gehölz.

Benachbarung

Die Art C. *alba* läßt sich vielseitig verwenden, auch als Hecke und als Windschutzgehölz. Sie wirkt aber auch als Solitär schön. Die buntlaubigen Formen wird man am liebsten in Einzelstellung haben.

Pflanzung und Pflege

Man pflanzt im Frühjahr, die wertvollen Formen mit Ballen. Der Strauch wird am Fuß leicht kahl; dann kann man kräftig zurückschneiden.

Stechpalme *Ilex aquifolium* Abb. 97

Strauch, immergrünes Laubgehölz
bis 10–12 m hoch Blüte Mai/Juni, zierend sind die Blätter und die Früchte im Herbst

Allgemeines und Merkmale

Die Stechpalme ist ein immergrünes Laubgehölz, das sommers wie winters durch seine harten, glänzend dunkelgrünen, dornig gezähnten Blätter die Blicke der Menschen auf sich lenkt. Daneben zieren im Herbst die roten Früchte; es sieht wunderschön aus, wenn die beerenartigen Steinfrüchte durch das dunkle Laub leuchten.

Standortansprüche

Der Boden sollte humushaltig und feucht sein; die Pflanzen wachsen sowohl auf Moor- als auch auf Kalkböden. Den Standort muß man vor Wind schützen. Vor allem sind austrocknende, kontinentale Ostwinde während des Winters sehr schädlich. Auch die Sonne sollte im Winter keinen Zugang zur immergrünen Stechpalme haben. Im Sommer ist Halbschatten gerade richtig. Also: Pflanzung unter Baumschutz.

Arten und Sorten

Fast in allen Erdteilen wachsen Stechpalmen, die meisten Arten sind immergrün. In deutsche Gärten haben sich *I. aquifolium, I. crenata, I. pernyi* und *I. verticillata* (sommergrün) Eingang verschafft. Von *I. aquifolium* gibt es die Sorten »Alaska« (niedriger Wuchs, reichlicher roter Fruchtansatz, sehr winterhart), »J. C. van Tol« (abstehende Zweige, wenig gezähnte Blätter, Beeren orangerot), »Silver Queen« (weiße Blattränder, rotgelbe Früchte, Rinde purpurn, Wuchs kegelförmig, aufrecht; eine der besten, weißbunten Sorten, aber etwas empfindlich; Abb. 97).

Benachbarung

Im atlantischen Klima eignet sich der Strauch sehr gut für Hecken; auch als Unterpflanzung unter locker stehenden Laubbäumen gedeiht er gut. In Nordwest-Deutschland ein Begleiter der Eichen- und Buchenwälder.

Pflanzung und Pflege

Man setzt am besten mit Ballen im Frühjahr; starkes Wässern nach dem Pflanzen ist unbedingt notwendig. Auch während des Sommers und im Herbst muß dem Feuchtigkeitsbedürfnis der Pflanzen Rechnung getragen werden. Auch vor Eintritt des Winters ist eine starke Wassergabe vonnöten, um die Pflanze vor dem Austrocknen in der kalten Jahreszeit zu schützen. Danach deckt man die Wurzelscheibe gut mit Mulchmaterial (Gras, Torf o. ä.) ab. Stechpalmen sind getrenntgeschlechtlich; legt man auf Fruchtansatz Wert, müssen mehrere Pflanzen zusammengesetzt werden. In der Baumschule sind die Sträucher nicht nach Geschlecht zu haben.

Fächerzwergmispel *Cotoneaster horizontale* Abb. 104

Niedriger Strauch, sommergrünes Laubgehölz
50–75 cm hoch Blüte im Juni, zierend sind auch Beeren und Herbstfärbung

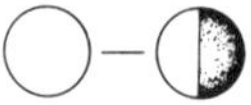

Allgemeines und Merkmale

In Hausgärten, vor Mauern, auf dem Steinbeet, im Trog und auf dem Balkon findet man den Strauch, der seine fächerförmigen Äste über den Boden breitet. Die hellroten Beeren erscheinen im September, sie bleiben den ganzen Winter am Strauch und bilden – vor allen Dingen vor dem Schnee-Hintergrund – einen wirkungsvollen Kontrast. Die dunkelgrünen Blätter zeigen eine prachtvolle dunkelrote Herbstfärbung. Die Blüten kommen im Juni zur Ausbildung, sie sind weiß bis zart rosa. Ein Strauch also, der das ganze Jahr über, immer von einem anderen Aspekt her, schön ist. Frosthart, Bienenweide.

Standortansprüche

Die Fächerzwergmispel stellt keine besonderen Ansprüche, sie wächst in der vollen Sonne genausogut wie im Halbschatten.

Arten und Sorten

Felsenmispeln werden in modernen Gartengestaltung vielfältig eingesetzt. Es gibt baumartige Arten, sogar immergrün *(C. wateri)*, eine Fülle an sommergrünen Sträuchern *(C. bullatus* = Amselbrot, *C. multiflora, C. franchetii)*, niedrige Arten *(C. horizontale, C. microphylla* = immergrün) und immergrüne Bodendecker *(C. salicifolia* »Parkteppich« für Sonne, *C. dammeri* für Halbschatten). Damit sind nur ein paar aus der Fülle genannt.

Benachbarung

Man kann die Fächerzwergmispel auf vielerlei Art verwenden. Sie wächst in Felspartien, sie dient zur Wandverkleidung und zur Verkleidung auf Treppenwangen; in Pflanzen-Gefäßen gedeiht sie mit großen Gehölzen und in Trog- und Dachgärten.

Pflanzung und Pflege

Man pflanzt mit Ballen im Frühling; Wässern und Düngen sind in den ersten Jahren besonders nötig. Werden die Pflanzen zu groß, kann man sie einstutzen oder umsetzen.

Register

Alphabetisches Verzeichnis der 100 schönsten Gartenblumen

Aus Gründen der Übersicht, aber auch aus Platzgründen wurden die verwandten Züchtungen in dieses Verzeichnis nicht aufgenommen. Sie finden diese unter dem Oberbegriff jeweils in der Rubrik »Arten und Sorten«.